BUSINESS - AUF DEUTSCH

von

Susan Cox, Emer O'Sullivan und Dietmar Rösler

in Zusammenarbeit mit Wolfgang Weermann

und unter Leitung und Mitwirkung der
Verlagsredaktion Deutsch als Fremdsprache

Folienvorlagen und Lösungsschlüssel

Klett Edition Deutsch

BUSINESS – AUF DEUTSCH

Lehrwerk für Wirtschaftsdeutsch

von
Susan Cox, Emer O'Sullivan, Dietmar Rösler

unter Leitung und Mitwirkung
der Verlagsredaktion Deutsch als Fremdsprache
Mitarbeit an diesem Werk: Wolfgang Weermann, Verlagsredakteur

Business - auf deutsch basiert auf dem beim
Verlag Editions Belin, Paris, erschienenen Lehrwerk **Wirtschaft leicht**
von I. Martelly, G. Nicolas und M. Sprenger

1. Auflage   1   5   4   3   2 | 1994   93   92

Alle Drucke dieser Auflage können im Unterricht nebeneinander benutzt werden,
sie sind untereinander unverändert.
Die letzte Zahl bezeichnet das Jahr des Druckes.

© Verlag Klett Edition Deutsch GmbH, München 1990
Druck: Schoder Druck, 8906 Gersthofen · Printed in Germany

ISBN 3-12-675213-6

Vorwort

Die vorliegende Zusammenstellung, die eine wesentliche Komponente von **Business - auf deutsch** darstellt und die in erster Linie für die Hand des Lehrers gedacht ist, hat verschiedene Funktionen:

Zum einen handelt es sich um für den Unterricht unentbehrliche *Folienvorlagen* (bzw. *Kopiervorlagen*) in Form von Originalschaubildern und -texten, die im Lehrbuch z.B. zum Zwecke der Hypothesenbildung oder Spekulation über einen Sachverhalt in veränderter Form abgedruckt sind (vgl. Kapitel 1, A1).

Zum anderen wird ein Schlüssel für jene Übungen und Aufgaben gegeben, deren Lösung erfahrungsgemäß Schwierigkeiten bereitet.

Weiterhin sind einige Texte und Abbildungen direkt aus dem Lehrbuch übernommen. Ausschlaggebend bei der Auswahl war, ob diese Texte und Abbildungen als Folie im Unterricht eine zusätzliche Hilfe bei der Semantisierung darstellen (vgl. z.B. Kapitel 5, C2).

Die Stellen, an denen der Einsatz einer Folie beabsichtigt ist, sind mit einem $\boxed{\text{F}}$ gekennzeichnet.
Es gibt bedeutend mehr Vorlagen als **F**-Markierungen.

Der Erwerb der Folienvorlagen bzw. des Lösungsschlüssels schließt das Recht zur Vervielfältigung im Klassensatz ein.

1

```
┌─────────────────────────┐
│   Werbetreibendes       │
│   Unternehmen           │
└─────────────────────────┘
```

Werbeträger	*Werbemittel*	Werbebotschaft
(z. B. Zeitung)	(z. B. Katalog)	(Werbespruch, Qualität, Preis)

Zielgruppe

Werbewirkungen:
– Interesse
– *Kauf**

* bzw. Inanspruchnahme von Dienstleistungen

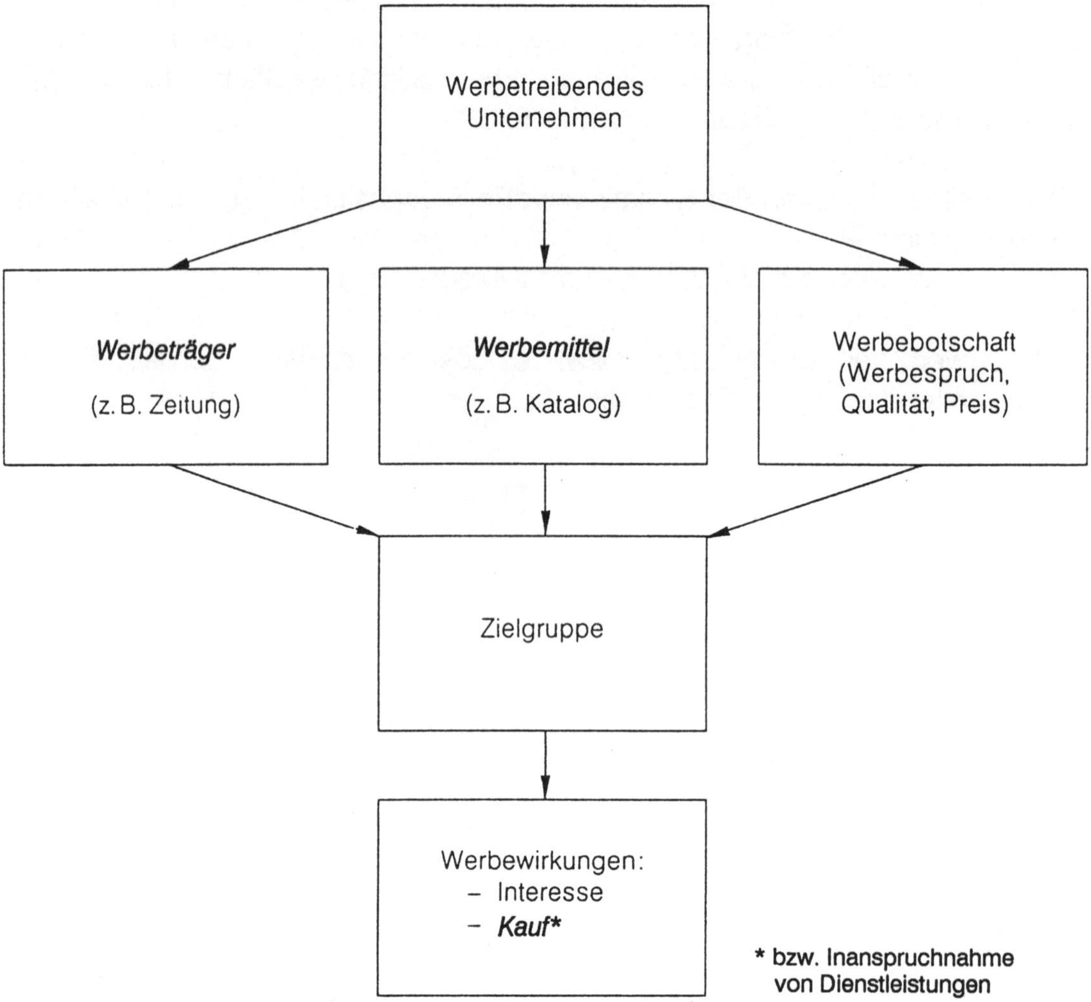

Aussage	Absatz
a	—
b	9
c	7
d	1, 3, 5
e	7
f	—
g	6
h	3
i	—

1. Man traute seinen Augen kaum. In den seriösen englischen Tageszeitungen fand man eine **C2** ganze Seite voll mit deutschem Text. Bis in die kleinsten Einzelheiten wurden technische Probleme so erörtert, daß der Leser, selbst wenn er in der Schule Deutsch gelernt hätte, sie nicht verstanden hätte. Nur das Produkt, der Produzent und drei deutsche Wörter prägten sich ihm ein: „Vorsprung durch Technik". Auch in der Fernsehwerbung hörte er sie: „Vorsprung durch Technik". Diese Werbung hatte Folgen. Als Reaktion auf sie sah man beispielsweise in einem Fernsehspot im britischen Fernsehen zwei Deutsche in einem englischen Auto durch Stuttgart fahren und sich auf deutsch über die Vorzüge dieses Wagens unterhalten. Und als 1986 bei einer Umfrage englische Schüler, die nicht Deutsch lernten, deutsche Wörter nennen sollten, schrieb einer: „veurch prung durk technick".

2. Bausparkasse Wüstenrot   **F2**

3. Wir holen Sie da raus

1	2	3	4	5	6
C	F	A	B	D	E

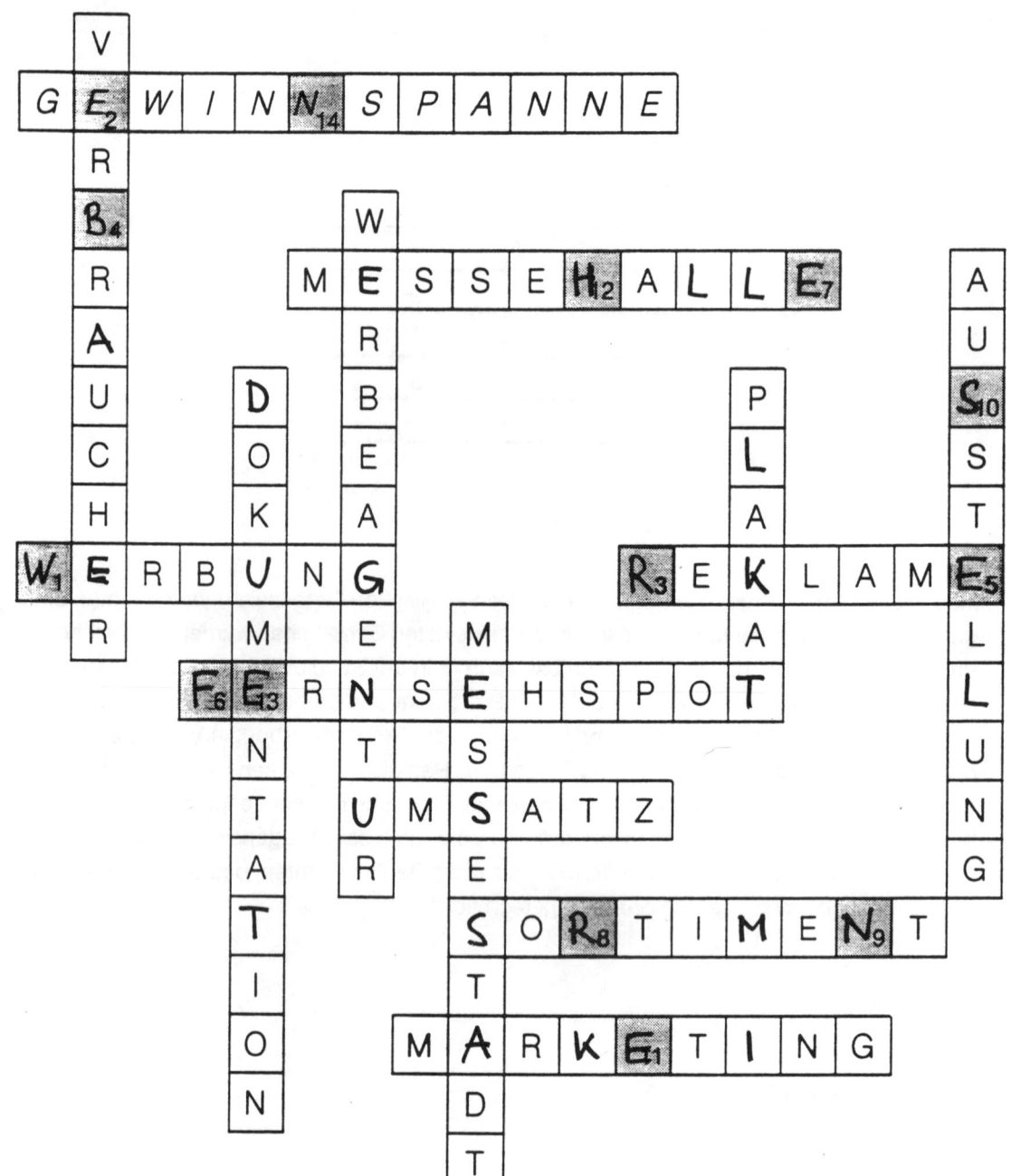

WERBEFERNSEHEN

a) compound norms
b) indicative
c) present tense
d) relative clause

Umsätze im Einzelhandel

Warenhäuser	5,8 %
SB-Warenhäuser und Verbrauchermärkte	3,9 %
Supermärkte	14,4 %
Facheinzelhandel	48,8 %
kleine Lebensmittelgeschäfte	11,3 %
sonstiger stationärer Einzelhandel (Kioske, Tankstellen u.a.)	10,2 %
Versandhandel	4,7 %
ambulanter Handel	0,9 %

1.

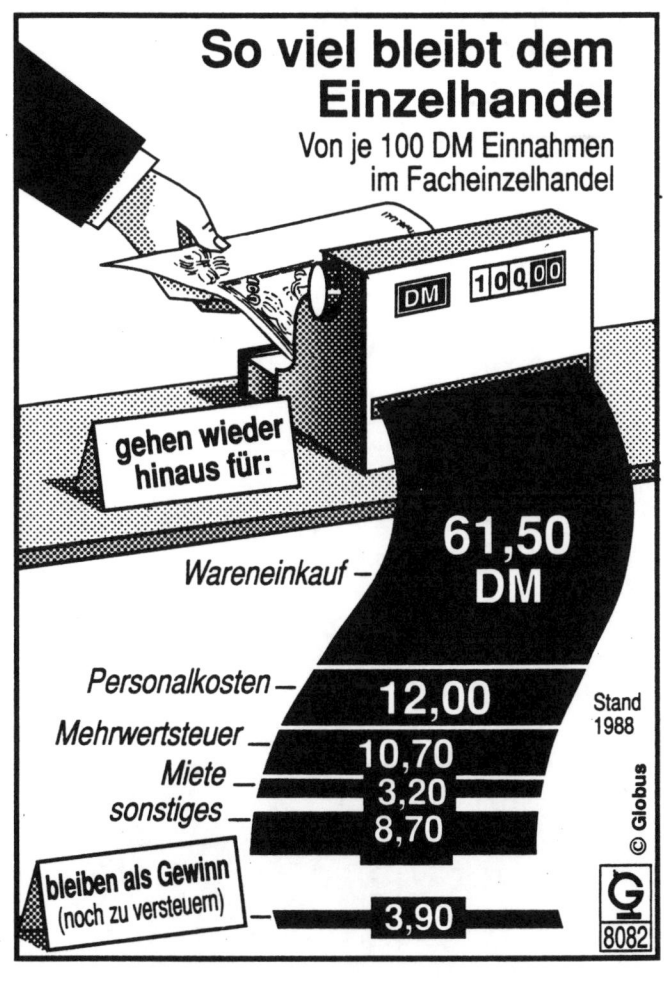

So viel bleibt dem Einzelhandel
Von je 100 DM Einnahmen im Facheinzelhandel

DM 100,00

gehen wieder hinaus für:

Wareneinkauf — 61,50 DM

Personalkosten — 12,00

Mehrwertsteuer — 10,70

Miete — 3,20

sonstiges — 8,70

Stand 1988

© Globus

bleiben als Gewinn (noch zu versteuern) — 3,90

8082

2 C2

Die Zeit (Murschetz).

C3

```
        K O S T E N
          W A R E N
    B E D I E N U N G
        A R T I K E L
        L A D E N
          P R E I S
  S U P E R M A R K T
          . U M S A T Z
      A B S A T Z
        F I L I A L E
    V E R K A U F
      H A N D E L
      A N G E B O T
      G E W I N N
```

2.

Ⓘ Die neuen Dienstleistungs-Aktivitäten des Warenhaus-Konzerns Kaufhof ließen den Umsatz im ersten Halbjahr um gut sieben Prozent wachsen.

Ⓓ Wie Kaufhof-Chef Jens Odewald auf der Hauptversammlung ausführte, waren daran die eigentlichen Warenhäuser mit Wachstumsraten unter einem Prozent nur schwach beteiligt.

Ⓗ Stärkere Zuwachsraten gab es dagegen bei den Reiseaktivitäten, beim Versandhaus-Geschäft der Tochtergesellschaften sowie beim Medien-Vertrieb (Bücher und Kassetten).

_____

Ⓒ Recht zufrieden mit den Umsätzen im Mai und in den ersten fünf Monaten des Jahres sind die Einzelhandelsfachgeschäfte.

Ⓑ Wie die Hauptgemeinschaft des deutschen Einzelhandels mitteilt, konnten sie ihre Umsätze um etwas über 2 % steigern.

Ⓕ Dabei erzielte der Radio- und Fernseh-Einzelhandel mit einem Wachstum von 13 % bei weitem die besten Ergebnisse, und auch die Schuhgeschäfte konnten mit einem Plus von 11 % durchaus zufrieden sein.

Ⓙ Auf der Schattenseite stand dagegen der Tapeten-, Teppich -und Farbenhandel, der 10 % weniger umsetzte als im Vorjahr.

_____

Ⓚ Der Textil-Fachhandel leidet immer stärker unter der Konkurrenz durch Verbrauchermärkte und Warenhäuser.

Ⓖ Dies war die einhellige Meinung aller Teilnehmer auf einer Fachtagung anläßlich der Internationalen Modemesse in Düsseldorf am letzten Wochenende.

Ⓐ Im Laufe der letzten Saison hatte der Fachhandel Einbußen in Höhe von 2,5 % gegenüber dem Vorjahr zu verzeichnen.

Ⓔ Und die ersten Zahlen für das neue Jahr scheinen diese rückläufige Tendenz zu bestätigen.

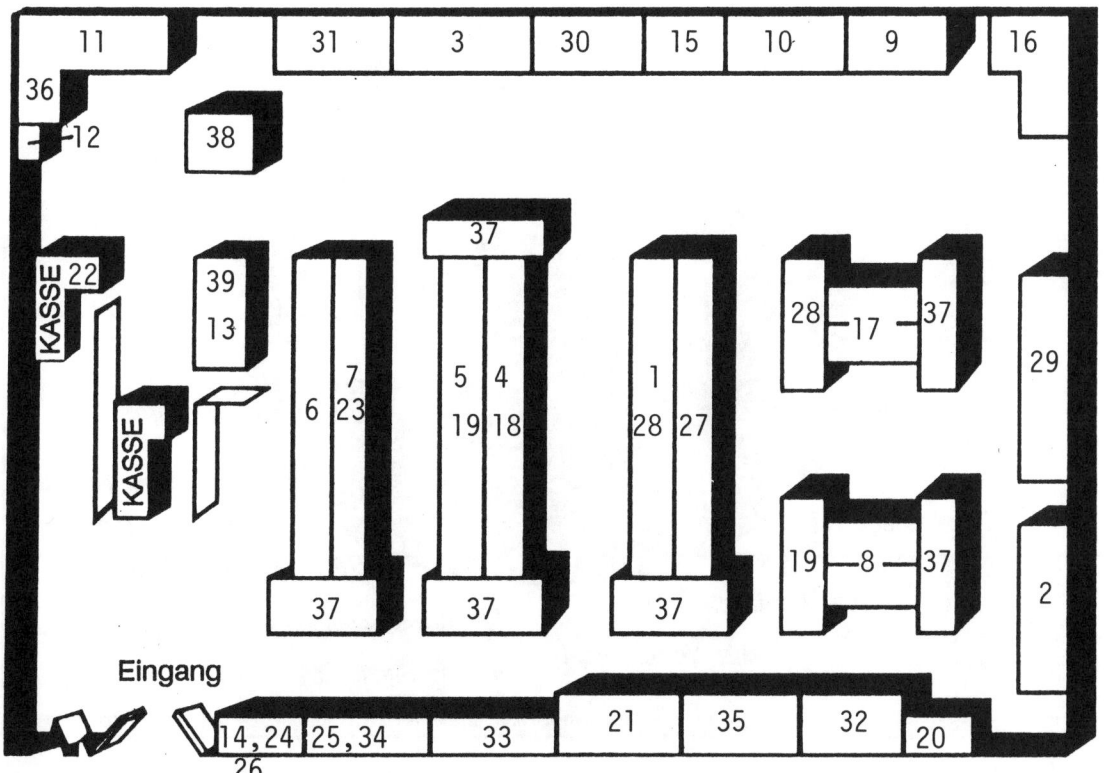

E2

2

1. Markenartikel

2. MAN ERKENNT IHN AN DER TYPISCHEN ARTIKELGESTALTUNG

F1 1. A **Bestellen per Telefon**
        B **Bestellen in den Verkaufshäusern**
        C **Bestellen per Post**
        D **Bestellen per Btx**

G1

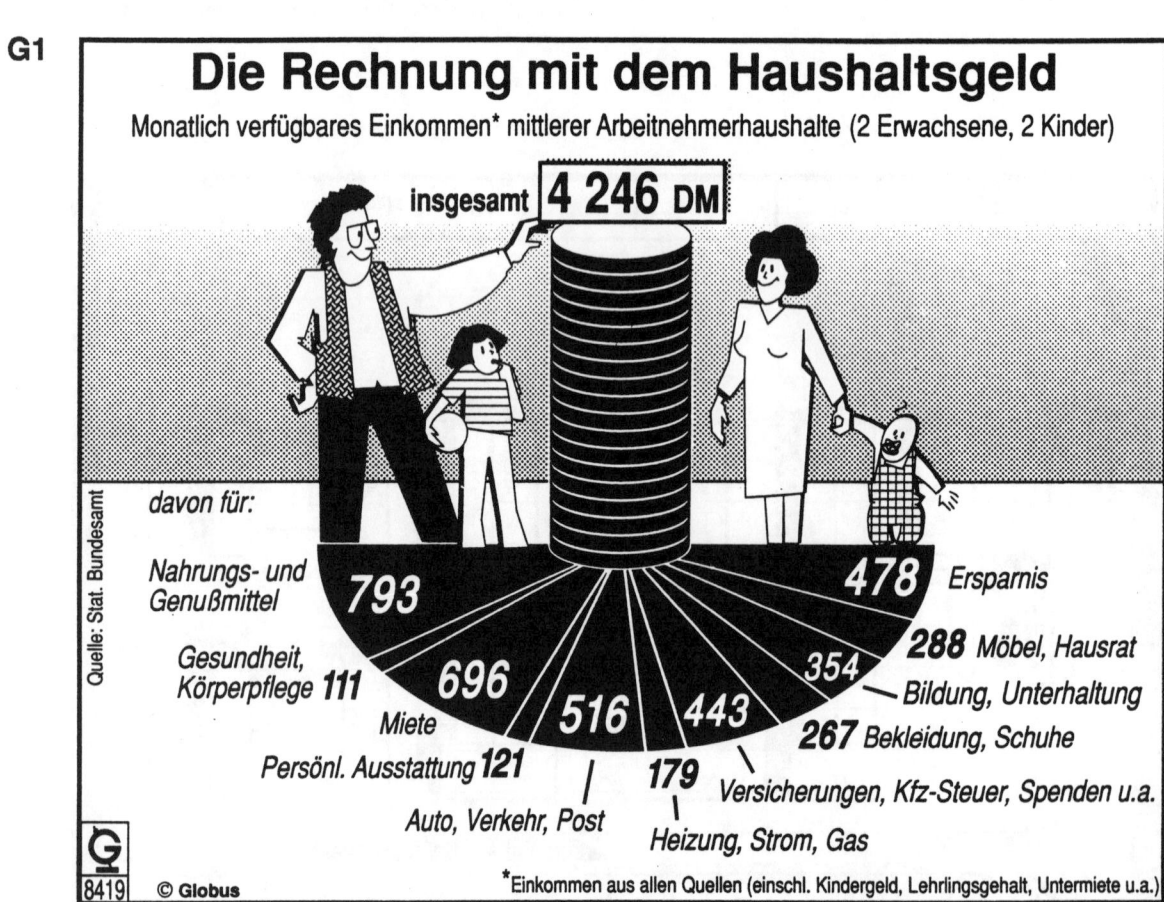

Die Rechnung mit dem Haushaltsgeld

Monatlich verfügbares Einkommen* mittlerer Arbeitnehmerhaushalte (2 Erwachsene, 2 Kinder)

insgesamt **4 246 DM**

Quelle: Stat. Bundesamt

davon für:

Nahrungs- und Genußmittel **793**

478 Ersparnis

Gesundheit, Körperpflege **111**

288 Möbel, Hausrat

696

354
Bildung, Unterhaltung

Miete

516

443

267 Bekleidung, Schuhe

Persönl. Ausstattung **121**

179

Versicherungen, Kfz-Steuer, Spenden u.a.

Auto, Verkehr, Post

Heizung, Strom, Gas

G 8419 © Globus

*Einkommen aus allen Quellen (einschl. Kindergeld, Lehrlingsgehalt, Untermiete u.a.)

Marktanteile beim Konsumgütervertrieb in Deutschland

Großhandel ∠ zentralisierter Einkauf ——→ Einzelhandel ——→ private Haushalte

46 %	Industrie und Handwerk
28 %	Großhandel
16 %	Genossenschaften und Einkaufsgemeinschaften
5 %	Handelsvertreter
4 %	direkter Import
1 %	Landwirtschaft

64 %	unabhängiger Fachhandel
36 %	mittelständische und große Einzelhandelsbetriebe

N	I	E	L	U	A	T	N	E	M	I	T	R	O	S	E	B	A
R	E	H	C	Ä	L	F	S	F	U	A	K	R	E	V	E	L	K
N	E	L	E	K	I	T	R	A	N	E	K	R	A	M	E	N	U
T	F	Ä	H	C	S	E	G	R	E	V	N	U	S	E	G	E	B
N	E	G	N	U	R	E	D	N	U	K	E	N	I	E	T	N	A
N	E	N	N	I	R	E	F	U	Ä	K	R	E	V	I	E	R	P
R	E	R	E	S	S	A	K	N	A	T	S	I	E	D	Ü	L	O
L	L	E	D	N	A	H	D	N	A	S	R	E	V	E	G	E	S
E	G	N	U	R	E	R	H	Ü	F	T	K	R	A	M	N	I	E
E	M	R	O	F	S	B	E	I	R	T	R	E	V	R	O	E	N
T	L	A	N	O	S	R	E	P	S	E	I	R	T	R	E	V	E
T	I	E	H	G	N	I	T	E	K	R	A	M	R	E	Z	N	U
N	I	S	I	E	R	P	S	F	U	A	K	N	I	E	L	E	N
F	U	A	S	D	N	A	T	S	E	B	R	E	G	A	L	E	B
R	E	N	N	I	R	E	R	E	I	S	S	A	K	U	Z	E	G
N	E	L	L	E	T	T	I	M	S	N	E	B	E	L	N	E	I
N	E	T	N	I	R	E	M	U	S	N	O	K	E	G	Ö	L	A
T	S	U	A	H	N	E	R	A	W	I	N	E	R	E	P	N	A

Sortiment
Verkaufsfläche
Markenartikel
Geschäft
Kunde
Verkäuferin(nen)
Kasse
Versandhandel
Marktführer
Vertriebsform
Personal
Marketing
Einkaufspreis
Lagerbestand
Kassierer(in)
Lebensmittel
Konsum
Warenhaus

	Zahl der positiven Antworten	Zahl der befragten Personen	Prozentsatz der positiven ·Antworten
Man müßte beim Einkaufen mehr hetzen.			
Es gäbe weniger Teilzeit-Arbeitsplätze.			
Es gäbe weniger Konkurrenz zwischen den Geschäften.			
Man könnte nicht mehr so gut vergleichen und würde weniger günstig einkaufen.			
Verkäufer und Verkäuferinnen könnten sich ihre Arbeitszeit nicht mehr nach eigenen Wünschen aussuchen.			
Im Handel würden Arbeitskräfte entlassen.			
Für Verkäufer und Verkäuferinnen würde die Arbeit weniger anstrengend.			
Für viele Läden würde sich die finanzielle Situation verbessern.			
Die Leute würden weniger kaufen.			
Viele Waren würden billiger.			
Die Waren würden teurer, weil es weniger Konkurrenz gäbe.			

(Für die Errechnung der Prozentzahlen sollte der Lehrer im Unterricht über einen Taschenrechner verfügen können.)

I 4 1.

	pro	kontra
aus der Sicht des Verkaufs-personals	1. ___i___ 2. ___g___	1. ___c___
aus der Sicht der kleinen und mittelständischen Einzel-handelsbetriebe	1. ___d___	1. ___b___ 2. ___f___
aus der Sicht der Verbraucher	1. ___a___ 2. ___e___ 3. ___j___	1. ___h___

3 **A1**

Branche	Großbritannien	Deutschland
Automobilindustrie	Jaguar	VW
Chemische Industrie	Sterling Health	Bayer
Elektroindustrie	GEC	Miele
Stahlindustrie	British Steel	Thyssen
Flugzeugbau	British Aerospace	Dornier
Parfum und Kosmetik	Ellen Betrix	Jil Sander*
Datenverarbeitung (EDV)	Atari	Schneider
Nahrungs- und Genußmittelindustrie	Twinings	Maggi
Banken	Lloyds Bank	Hypobank
Medien	The Guardian	Bunte
Versicherungen	Sun Alliance Life	DKV
Mineralölkonzerne	Shell	Aral

* Die Jil Sander GmbH (gegr. 1978) wurde im November 1989 in eine Aktiengesellschaft umgewandelt. Während Jil Sander sich in der Anfangsphase als Modehaus einen Namen machte, wurde die Produktpalette später vor allem um Kosmetika erweitert. Dieser Bereich machte Ende der 80er Jahre fast die Hälfte des Gesamtumsatzes aus.

A2

1	d
2	e
3	a
4	g
5	b
6	h
7	c
8	f

Das deutsche Export-Sortiment

Ausfuhr der BR Deutschland in Milliarden DM

116 Mrd. DM

98

84

72

27

26

22

18

16

15

15

14

12

9

8

7

Agrar-produkte

Papier, Pappe, Zellstoff

Bekleidung

Feinmechanik, Optik

Büromaschinen, EDV

NE-Metalle

Kunststoffwaren

Luft- u. Raum-fahrzeuge

Eisen-, Blech-, Metallwaren

Textilien

Eisen und Stahl

Nahrung, Genuß

Elektrotechnik

Chemische Produkte

Maschinen

Straßen-fahrzeuge

8278 © Globus

Quelle: Statistisches Bundesamt

(F) Ein Blick in die deutsche Exportstatistik macht klar, daß die Bundesrepublik Deutschland einer der großen industriellen Ausrüster der Welt ist.

(J) Obenan auf der Liste der deutschen Exportgüter stehen Maschinen.

(I) Jede vierte Maschine auf dem Weltmarkt stammt aus den Fertigungsstätten deutscher Maschinenbauer.

(E) Aber auch das übrige Exportsortiment ist überwiegend industriell bestimmt :

(A) Kraftwagen, Produkte der chemischen und Elektroindustrie, Eisen und Stahl nehmen die vorderen Plätze ein.

(D) Nicht weniger kennzeichnend für die deutsche Wirtschaft ist die Zusammensetzung der Einfuhren.

(B) So ist Erdöl die Nr. 1 bei den Einfuhren, denn der Energiebedarf der deutschen Wirtschaft ist mit den Energievorkommen im eigenen Land bei weitem nicht zu decken.

(H) An zweiter Stelle der Einfuhren stehen Agrarerzeugnisse.

(G) Zählt man noch die Nahrungs- und Genußmittel hinzu, so sind die Agrareinfuhren sogar gewichtiger als die Energieeinfuhren.

(C) Die Bundesrepublik Deutschland ist damit der größte Agrarimporteur der Welt.

Andauernde „Schieflage"

Die Schieflage des Welthandels hielt auch 1989 unverändert an: Das Riesendefizit in der US-Leistungsbilanz wird sich 1989 nach jüngsten Schätzungen der OECD (Organisation für wirtschaftliche Zusammenarbeit und Entwicklung) nur geringfügig vermindern; statt sich wie im Jahr zuvor auf minus 126,6 Milliarden Dollar zu halten, wird es 1989 auf minus 122 Milliarden sinken. Auch die großen Überschußländer bleiben wieder die gleichen wie 1988, nämlich Japan (plus 61 Milliarden Dollar). Und doch gab es dramatische Veränderungen - besonders bei den Defizitländern: Großbritannien, Australien, Kanada, Italien, Spanien und Schweden rutschen seit Jahren sehr schnell immer tiefer ins Minus ab. Die außenwirtschaftliche Position Großbritanniens ist noch bedenklicher als jene der USA. Denn das Defizit in der Leistungs-bilanz der Briten erhöhte sich auf 32 Milliarden Dollar, was 3,9 Prozent der britischen Wirt-schaftsleistung entspricht. Demgegenüber kommt das auf 122 Milliarden Dollar angewachsene Defizit der Amerikaner lediglich 2,3 Prozent der US-Wirtschaftsleistung gleich. Die Australier leisten sich mit ihrem auf 16,8 Milliarden Dollar angestiegenen Minus sogar ein Defizit in Höhe von sechs Prozent ihrer Wirtschaftsleistung.

C1 2. Die britischen Exporte und Importe stehen nicht auf der linken Seite.

E1

Order through Standardisation

International and _regional_ standards reduce the obstacles to trade and _promote_ world trade. And this makes them particularly

5 _important_ to a country such as the Federal Republic of Germany with its heavy _reliance_ on _external_ trade.

The _national_ standards in

10 the _highly_ developed in-dustrialised countries are a source of infor-mation on the latest _available_ technology, and are _accessible_ to all. They are _invaluable_ in

15 promoting the worldwide transfer of _technology_. And in so do-ing they also assist _economic_ cooperation with the Third World.

Effective standardisation is

20 essential for _coping_ with a wide range of technical and economic tasks; it provides all those involved in _business_ and industry with

a clearly defined, _common_

25 basis for understanding. Many protective functions (industrial safety environmental protection, consumer _protection_ etc.) would be _virtually_ imposs-

30 ible without standardisation.

The use of _standardised_ con-struction components in the development of new products and testing procedures ac-celerates the _introduction_ of

35 new technical and scientific _findings_ into everyday application, as well as helping to _minimise_ costs.

Standardised terminology and require-

40 ments, quality, safety and test criteria in the domestic market and in trade with other countries all help to _enhance_ business effi-ciency on a domestic, European and

45 _worldwide_ level.

DIN Berlin

Seit vielen Jahren stehen die westeuropäischen Nachbarstaaten, vor allem die Partner in der Europäischen Gemeinschaft, an der Spitze der Lieferanten- und Kundenliste der Bundesrepublik Deutschland. Als Lieferant und Kunde liegt Frankreich wie schon 1988 auch 1989 ganz vorn. Zusammengenommen wickelt die Bundesrepublik etwa 70 Prozent ihres Außenhandels mit EG-Ländern ab. Der Anteil der Entwicklungsländer am deutschen Außenhandel beträgt 22 Prozent, aber ihre Bedeutung ist größer, als sich von dieser Zahl ablesen läßt, denn die Einfuhren aus Entwicklungsländern bestehen zum größten Teil aus wichtigen Rohstoffen und Energieträgern, von deren Einfuhr die Funktionsfähigkeit der deutschen Wirtschaft abhängt.

Die größten Handelspartner 1988
der Bundesrepublik Deutschland
in Mrd. DM

Bei der Ausfuhr

Land	Mrd. DM
Frankreich	71,3 Mrd. DM
Großbritannien	52,9
Italien	51,7
Niederlande	49,2
USA	45,7
Belgien / Lux.	42,1
Schweiz	34,4
Österreich	31,9
Spanien	17,3
Schweden	16,7
Japan	13,1
Dänemark	11,3

Bei der Einfuhr

Land	Mrd. DM
Frankreich	53 Mrd. DM
Niederlande	45,5
Italien	40,2
Belgien / Lux.	31,2
Großbritannien	30,5
USA	29,1
Japan	28,4
Schweiz	19,7
Österreich	18,9
Schweden	10,8
Spanien	8,8
Dänemark	8,3

7607 © Globus

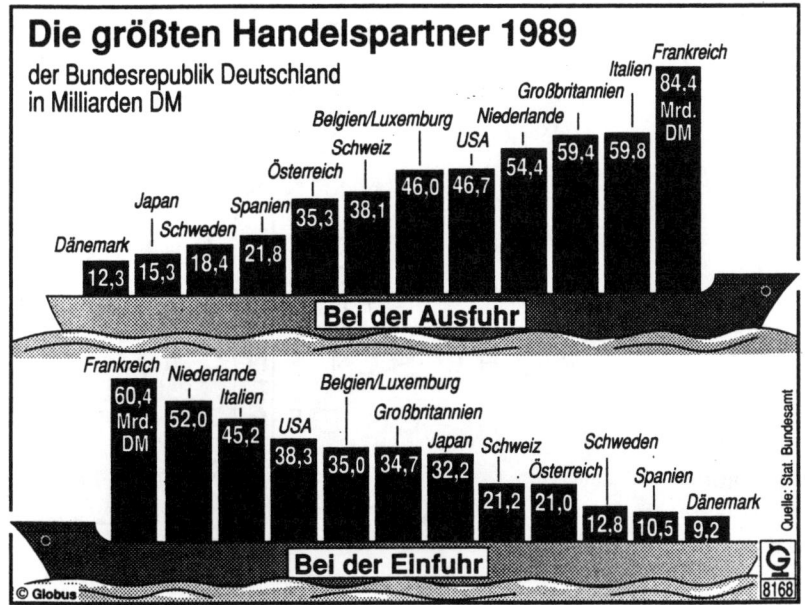

Die größten Handelspartner 1989
der Bundesrepublik Deutschland
in Milliarden DM

Bei der Ausfuhr

Land	Mrd. DM
Dänemark	12,3
Japan	15,3
Schweden	18,4
Spanien	21,8
Österreich	35,3
Schweiz	38,1
Belgien/Luxemburg	46,0
USA	46,7
Niederlande	54,4
Großbritannien	59,4
Italien	59,8
Frankreich	84,4 Mrd. DM

Bei der Einfuhr

Land	Mrd. DM
Frankreich	60,4 Mrd. DM
Niederlande	52,0
Italien	45,2
USA	38,3
Belgien/Luxemburg	35,0
Großbritannien	34,7
Japan	32,2
Schweiz	21,2
Österreich	21,0
Schweden	12,8
Spanien	10,5
Dänemark	9,2

Quelle: Stat. Bundesamt

© Globus 8168

3

G5

Die Folgen der Aufwertung *(revaluation)* und der Abwertung *(devaluation)*

Als Folge einer Abwertung werden Einfuhren __teurer__ und Ausfuhren __billiger__. __Abwertung__ kann deshalb ein Mittel sein, die Handels- und Dienstleistungsbilanz durch erhöhte __Exporte__ und verminderte __Importe__ zu verbessern. Als Folge einer __Aufwertung__ werden Einfuhren billiger und Ausfuhren teurer. __Aufwertung__ kann ein Mittel sein, um Leistungsbilanzüberschüsse zu beseitigen.

G6

```
          GEMEINSCHAFT
             BINNENHANDEL
          IMPORTIEREN
          KUNDENDIENST
             AUSSENHANDEL
          EXPORTUMSATZ
              ZOLLTARIF
              INLANDSMARKT
          AUSLANDSGESCHÄFT
              INVESTITIONEN
              EINFUHRZOLL
          SCHWELLENLÄNDER
            ENERGIEBEDARF
             UEBERSCHUSS
          WARENAUSTAUSCH
```

G7   1. Protektionismus
        2. Datenverarbeitung
        3. Exportweltmeister
        4. überschüssig
        5. Rohstoffe

1. C) Mit einem derartigen System braucht der Kunde kein Bargeld mehr, nur eine mit einem Magnetstreifen versehene Plastikkarte, vergleichbar den eurocheque-Karten, mit denen auch Geldautomaten benutzt werden können. An der Kasse müßte er seine Karte in den Terminal stecken, der eine Verbindung zum Zentralrechner der Bank herstellt. Nachdem der die Bonität des Kunden festgestellt hat, wird die Einkaufsrechnung elektronisch beglichen – in ganzen zehn Sekunden.

B) Dem Vorteil, kein Geld mehr mitnehmen zu müssen, steht allerdings der Nachteil der totalen Überprüfbarkeit der Kunden gegenüber und die Gefahr des Mißbrauchs der Magnetkarten. Zum ersten Mal würde es dann nicht nur möglich sein, genau zu überprüfen, wer wann wo was gekauft hat, sondern es ergäbe sich eine Möglichkeit, das System zu knacken und über die Bankkonten der Teilnehmer zu verfügen.

A) Klar ist, daß die Banken den größten Nutzen haben werden, die Händler aber zunächst die Kassen und Computer kaufen müssen. Immerhin aber haben sie erhebliche Vorteile in der Buch- und Lagerhaltung. Der Kunde und Käufer schließlich wird nur mitmachen, wenn der Vorteil der Unabhängigkeit von Bargeld nicht durch happige Bankgebühren aufgewogen wird.

N	E	N	N	E	T	N	O	K	K	N	A	B	E	G	R	E	V
E	N	I	E	T	R	A	K	T	I	D	E	R	K	K	A	R	F
T	N	E	K	C	E	H	C	S	T	S	O	L	R	E	B	Ü	T
R	E	G	N	U	S	I	E	W	R	E	B	Ü	A	S	B	A	
L	E	I	R	E	M	M	U	N	O	T	N	O	K	N	A	E	B
N	I	N	N	E	S	I	V	E	D	E	N	I	E	E	T	N	U
O	N	R	E	T	L	A	H	C	S	A	R	T	E	B	T	N	A
E	R	O	I	T	A	M	O	T	U	A	D	L	E	G	E	D	U
N	E	R	R	E	V	Z	T	A	S	S	N	I	Z	N	I	E	N
E	G	A	L	N	A	D	L	E	G	B	U	R	H	A	Z	E	B
E	G	N	E	R	A	P	S	G	N	U	R	E	T	N	O	K	A
R	A	B	S	N	O	I	T	A	L	F	N	I	N	I	E	K	I
T	I	E	H	N	E	B	E	H	B	A	R	E	N	E	G	I	L
E	R	H	E	K	R	E	V	S	G	N	U	L	H	A	Z	R	E
T	S	G	N	U	R	H	Ä	W	E	G	T	I	D	E	R	K	A
E	N	E	C	I	V	R	E	S	T	R	A	T	A	S	N	U	L
N	E	G	N	U	R	E	I	P	A	P	T	R	E	W	N	U	N
E	G	A	R	T	F	U	A	R	E	U	A	D	S	E	G	I	E

Bankkonten
Kreditkarte
Scheck
Überweisung
Kontonummer
Devisen
Schalter
Geldautomat
Zinssatz
Geldanlage
Sparen
Inflation
Abheben
Zahlungsverkehr
Währung
Service
Wertpapier
Dauerauftrag

4

F3

Prozent*satz*	Zuwachs*rate*
Diskont*satz*	Teuerungs*rate*
Beitrags*satz*	Wachstums*rate*
Steuer*satz*	Inflations*rate*
Zins*satz*	Geburten*rate*

G2   1. Kontoauszug (Zahlungsmittel)

2. Geld erhöhen   3. Zinsen wechseln

H1   2.

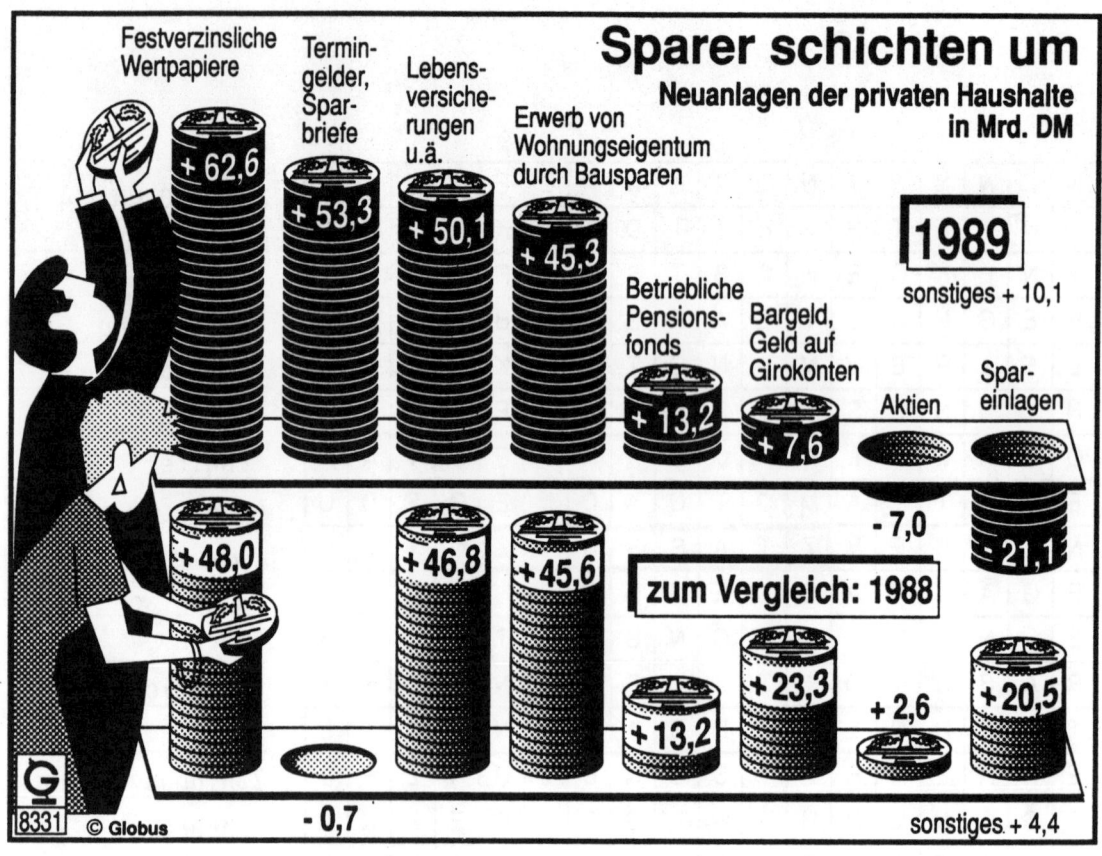

5. Es handelt sich um Sachanlagen und nicht um Geldanlagen.

Europa ändert sich.
Wir stehen
in der Verantwortung.

Die Menschen in der DDR haben es allen bewiesen: Freiheitswille ist stärker als der härteste Beton.

Und sie haben uns gezeigt, welche Dynamik sich aus friedlichen Veränderungen entwickeln kann.

Wir meinen, daß sich hier auch Chancen bieten, über Europa weiter nachzudenken. Denn die Zeit ist reif:

Nur noch drei Jahre trennen uns von einem ganz neuen Europa. Auch das erschien lange als kaum möglich.

Heute wissen wir: Das Richtfest für das „europäische Haus" steht unmittelbar bevor.

Alles dies verlangt nicht nur die modernsten und bewährtesten Mittel des Marktes und der Finanzierung. Es verlangt auch ein neues Nachdenken über die Aufgaben.

Und über die Wege, sie zu lösen. Friedlich, gemeinsam, mit ganzer Kraft.

Hier sehen wir unsere Verantwortung.

Kein einzelner Staat, keine private Wirtschaft schafft das allein. Wir alle brauchen deshalb ganz Europa für den Neuanfang.

Dresdner Bank

```
                    ┌─────────────────┐
                    │    Deutsche     │
                    │   Bundespost    │
                    └─────────────────┘
        ┌──────────────────┼──────────────────┐
┌───────────────┐  ┌───────────────┐  ┌───────────────┐
│    Telekom    │  │   Postdienst  │  │   Postbank    │
└───────────────┘  └───────────────┘  └───────────────┘
     ┌───────────┼───────────┬───────────┐
┌─────────────┐ ┌─────────┐ ┌─────────┐ ┌─────────────┐
│ Zeitungen und│ │  Pakete │ │ Päckchen│ │ Briefe und  │
│ Zeitschriften│ │         │ │         │ │ Postkarten  │
└─────────────┘ └─────────┘ └─────────┘ └─────────────┘
```

A6

„Täglich holen wir jetzt Ihre Pakete ab",
sagte der Kundenberater der Post.

Mit der <u>Post</u> bekommen Sie ihre Versandprobleme besser in den Griff. Im Rahmen einer individuellen <u>Abhol</u>vereinbarung <u>holt</u> die <u>Post</u> ihre <u>Paket</u>sendungen <u>täglich</u> bei Ihnen <u>ab</u>. Sogar zu einer festgelegten <u>Uhrzeit</u>. Und darauf können Sie sich verlassen. Denn die <u>Post</u> ist <u>täglich</u> außer <u>Sonntag</u> für Sie im Einsatz. Sie <u>holt</u> ihre <u>Pakete</u> auch am <u>Samstag</u> pünktlich, wie vertraglich festgelegt, <u>ab</u>, liefert aus und schafft Ihnen so einen Tag Vorsprung.
Nutzen Sie den „Sechs-<u>Tage</u>-Service" der <u>Post</u> im <u>Paket</u>versand. Im Endeffekt ist es Ihr Gewinn. Nur wer die Wege und vielfältigen Angebote der <u>Post</u> kennt, kann sie optimal nutzen. Mehr sagt Ihnen unser <u>Kundenberater</u>, wenn Sie uns den Beratungs-Coupon zusenden.

1. Post	11. Sonntag
2. Abhol(vereinbarung)	12. holt
3. holt	13. Pakete
4. Post	14. Samstag
5. Paket(sendungen)	15. ab
6. täglich	16. Tage
7. ab	17. Post
8. Uhrzeit	18. Paket(versand)
9. Post	19. Post
10. täglich	20. Kundenberater

1.

neue Kommunikations-möglichkeiten per Telefon	Datenübertragung per Computer
	Übertragung von Kopien
	Btx, Multitel, Minitel
	Mobile Telefone in Verkehrsmitteln

Nachrichten übermitteln		**Telefongespräch**
Über das Telefon können Informationen mitgeteilt und im Gespräch ausgetauscht werden. Gezielt vorbereitete und in gebührenbegünstigten Zeiten geführte Gespräche sparen Kosten.		
Gesprächsart	Verbindungsaufbau	Gesprächsgebühr
Ortsgespräch Verbindung mit Hauptanschluß im selben Ortsnetz	Selbstwahl der Rufnummer des gewünschten Anschlusses, z.B. 7 35 68 **F**	unterschiedliche Gesprächsdauer für eine Gebühreneinheit (8 bzw. 12 Minuten), abhängig von Tag und Tageszeit **D**
Nahgespräch Verbindung mit Hauptanschluß in einem Ortsnetz des Nahbereichs	Selbstwahl der Vorwählnummer (Ortsnetzkennzahl) und der Rufnummer des gewünschten Anschlusses, z.B. (0 61 51) 3 56 78	unterschiedliche Gesprächsdauer für eine Gebühreneinheit (8 bzw. 12 Minuten), abhängig von Tag und Tageszeit (wie bei Ortsgespräch) **C**
Inlands-ferngespräch Verbindung mit Hauptanschluß in einem ferneren Ortsnetz der Deutschen Bundespost	**E**	unterschiedliche Sprechdauer je Gebühreneinheit, abhängig von Entfernungszone, Tag und Tageszeit **A**
Auslands-ferngespräch Verbindung mit einem Hauptanschluß im Ausland	Selbstwahl der Auslandskennzahl (Länderkennzahl und Ortsnetzkennzahl) und der Rufnummer des gewünschten Anschlusses, z.B. (00 46 35) 83 47 **B**	unterschiedliche Sprechdauer je Gebühreneinheit, abhängig vom Land, zum Teil auch von Tageszeit und Entfernungszone **G**

Auslandsferngespräch
Gebühreneinheiten
Kommunikationsmöglichkeiten
Ortsnetzkennzahl

„Telefonkomfort? Was bedeutet das?"

Hier erfahren Sie alles über die Leistungsmerkmale intelligenter Telefone mit moderner Mikroprozessortechnik. Kreuzen Sie bitte an, was Sie von Ihrem Telefon erwarten.

Wahlwiederholung. Ist die Leitung Ihres Gesprächspartners besetzt, weil er gerade ein anderes Gespräch führt oder meldet er sich nicht, gibt es die Wahlwiederholung: Die von Ihnen zuletzt gewählte Rufnummer wird nach Druck auf eine Taste erneut angewählt.

Kurzwahl. Sie können die zehn Menschen, mit denen Sie am häufigsten telefonieren, schon durch einen kurzen Druck auf zwei Tasten erreichen. Eine Rufnummer – bei Bedarf mit Vorwählnummer – wird vollständig eingetippt und durch einen Tastendruck gespeichert. Wenn Sie die Nummer beim nächsten Mal anrufen wollen, geht's schneller. Ein kurzer Druck auf zwei Tasten genügt.

Namentasten. Gesprächspartner, mit denen Sie oft telefonieren, erreichen Sie noch einfacher, direkt über die Namentaste, namentlich beschriftet.

Notizbuchfunktion. Während des Telefonierens, z. B. mit der Auskunft, brauchen Sie keine Rufnummer auf Zetteln zu notieren. Sie tippen die eben gehörte Nummer einfach ins Telefon ein. Sie kann auf Tastendruck gespeichert oder sofort automatisch angewählt werden.

Direktruf. Mit dem Direktruf (auch „Babyruf" genannt) kann eine bestimmte, zuvor eingespeicherte Rufnummer automatisch gewählt werden, sobald der Hörer abgenommen und eine beliebige Zifferntaste gedrückt wird. So kann Sie z. B. Ihr Kind unter der gespeicherten Nummer anrufen – auch wenn es noch keine Zahlen kennt.

Anzeige der gewählten Rufnummer (Display). Telefone mit Display zeigen Ihnen an, welche Rufnummer – ggf. mit Vorwählnummer – Sie gerade selbst oder automatisch (bei Wahlwiederholung oder per Kurzwahl) wählen. Sie erkennen schnell, welche Rufnummer Sie eingespeichert haben und können die Wahl unterbrechen, wenn Sie sich einmal verwählt haben.

Gebührenanzeige. Sie können während eines Gesprächs oder danach schnell mal Ihre Telefongebühren kontrollieren, die Gebühren eines Gesprächs oder die Summe über eine bestimmte Zeit.

Anschlußmöglichkeit für einen Zweithörer (Hörmuschel). Wenn bei Ihren Gesprächen öfter jemand mithören muß oder es in Ihrer Umgebung manchmal laut ist, sollten Sie einen Zweithörer ans Telefon anschließen lassen.

Lauthören. Über einen eingebauten Lautsprecher im Telefon können Sie andere im Raum zuhören lassen oder am Gespräch beteiligen.

Wahl bei aufliegendem Hörer. Sie haben noch eine Hand frei, wenn Sie wählen. Erst wenn der andere Teilnehmer sich meldet, brauchen Sie den Hörer abzunehmen. So haben Sie mehr Zeit, um sich auf ein Gespräch vorzubereiten.

3-Ton-Ruf. Besonders wohlklingendes Anrufsignal. Es besteht aus drei verschiedenen Tönen. Die Lautstärke ist einstellbar. Bei einigen Modellen auch die Tonfolge. Die unterschiedliche Tonfolge wird auch von Personen mit Hörbehinderung besser wahrgenommen.

Sperrschloß. Damit können Sie das Telefon gegen unerwünschte Benutzung durch andere abschließen. Ankommende Rufe können aber jederzeit entgegengenommen werden.

Freisprechen. Sie können telefonieren, ohne den Hörer abzunehmen. Also wählen, hören und frei sprechen bei aufliegendem Hörer. Beide Hände bleiben frei für die Unterlagen, die Sie für das Gespräch evtl. benötigen.

Automatische Hinweisansage. Telefone mit einem Textmodul können automatisch jedem Anrufer Auskunft geben, wann Sie wieder zu sprechen sind. Wochentag und Stunde sind einfach mit dem Kodierschalter einstellbar.

Ganz spontan. Zum Nahtarif.

Ihre Kunden würden gern mit Ihnen sprechen. Wenn da nicht die Ferngebühren wären. Mit Service 130 telefonieren Ihre Kunden zum Nahtarif mit Ihnen. Von Essen genauso wie von Kiel oder aus Oberbayern. Die Ferngebühren übernehmen Sie und bekommen dafür ein persönliches Gespräch. Am Telefon wird man sich schnell einig. Von Anfrage über Kundendienst bis Verkauf. Mit Service 130 ist Ihre Geschäftsstelle nie weiter als das nächste Telefon. Einfacher und direkter können Verkaufsförderung und Kundendienst nicht sein. Was Service 130 kostet und wie man Teilnehmer wird, erfahren Sie unter 0130-01 01. Natürlich zum Nahtarif.

Service 130. Nachfrage zum Nahtarif.

 **Post**

5 **E4**

N	R	E	T	R	A	K	L	H	A	Z	E	B	H	C	O	N	K
E	T	S	S	O	P	X	E	L	E	T	R	E	F	S	T	R	O
E	N	R	E	Z	N	E	T	T	E	K	A	P	B	A	W	E	N
G	N	U	R	E	H	C	E	R	P	S	N	R	E	F	N	A	K
E	T	T	X	E	T	M	R	I	H	C	S	D	L	I	B	E	G
L	E	R	H	Ü	B	E	G	E	B	I	E	G	R	E	T	N	U
E	T	S	S	U	L	H	C	S	N	A	R	E	V	E	S	B	A
E	L	L	I	M	R	E	T	F	U	R	N	A	E	B	R	O	V
E	L	H	A	Z	T	I	E	L	T	S	O	P	S	E	B	M	A
T	N	R	E	W	E	H	C	A	S	K	C	U	R	D	L	A	Z
E	T	T	F	N	U	K	S	U	A	R	A	P	I	R	D	N	I
N	E	G	N	U	K	I	N	O	R	T	K	E	L	E	M	A	K
O	R	E	T	A	R	E	B	N	E	D	N	U	K	O	S	T	S
R	E	G	N	U	T	I	E	L	N	O	F	E	L	E	T	S	E
T	I	E	K	H	C	Ä	R	P	S	E	G	S	T	R	O	M	E
T	R	E	B	S	G	N	U	D	N	I	B	R	E	V	B	O	L
N	E	T	N	A	R	E	B	R	E	D	N	E	S	B	A	K	E
R	E	R	E	I	P	O	K	N	R	E	F	R	E	Z	R	O	V

Zahlkarte
Telex
Paket
Fernsprecher
Bildschirmtext
Gebühr
Anschluß
Anruf
Postleitzahl
Drucksache
Auskunft
Elektronik
Kundenberater
Telefonleitung
Ortsgespräch
Verbindung
Absender
Fernkopierer

F3   Telefonfernsprecher (Telefon = Fernsprecher)

G1

„Ich habe die Fehler-
quelle gefunden: ein total
veraltetes Einbauteil!"

Wenn heutzutage der Schreinermeister abends seinen
Hobel aus der Hand legt, geht die Arbeit oft erst richtig
los. Denn dann muß er noch Rechnungen schreiben,
Angebote kalkulieren, Material bestellen, die Kasse
machen und die Bücher führen.
Und weil das alles für einen Menschen, der eigentlich
einen ganz anderen Beruf hat, ziemlich mühsam ist,
lassen sich immer mehr Handwerker von einem klei-
nen Computer zur Hand gehen.
Dieser kleine Computer übernimmt jetzt fast die ganze
lästige Büroarbeit und ist durch sein eingebautes
Lernprogramm ganz einfach zu erlernen und ganz
einfach zu bedienen. Seitdem der die Rechnungen
schreibt, die Angebote kalkuliert, das Material bestellt,
die Kasse macht und die Bücher führt, hat der Schreinermeister jetzt viel mehr Zeit für Dinge, die ihm viel
mehr Spaß machen.

IBM

Frachtpapiere

Lieferscheine

Rechnung

Bestellung → Computer → Berechnung der Mehrwertsteuer

Auftrag an Auslieferungslager

Notierung auf dem Kundenkonto

Mahnung bei Nichteingang der Zahlung

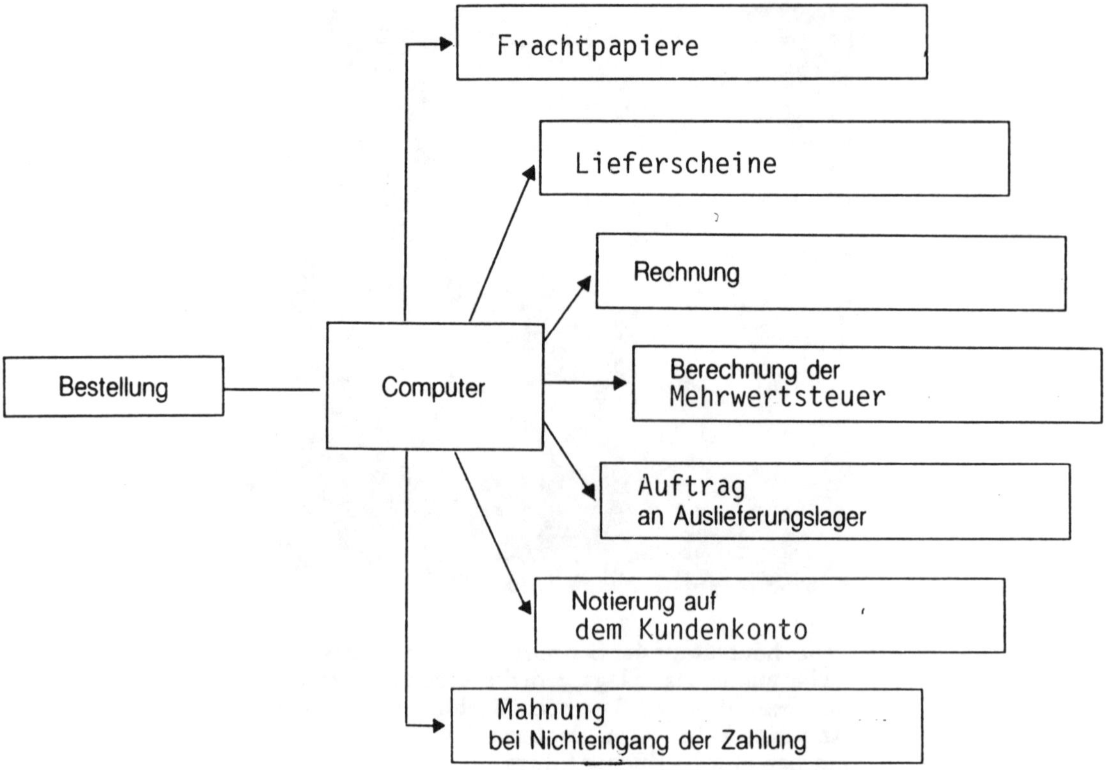

H4

Von Abteilung A an Abteilung B. Danke für die aktuellen Zahlen, Statistiken und Texte.

TA TRIUMPH-ADLER

1	e
2	g
3	k
4	i
5	m
6	a
7	d
8	c
9	l
10	h
11	f
12	j
13	b

16

```
INFORMATIKER
  PROGRAMMIERER
  DATENSCHUTZ
    SPEICHER
  BILDSCHIRM
COMPUTERTECHNIK
   DATENBANK
TEXTVERARBEITUNG
        EDV
   MIKROCHIP
    ZEICHEN
  RECHENKAPAZITÄT
     TERMINAL
  ZENTRALCOMPUTER
```

TASCHENRECHNER

6 A2

So legen die Bundesbürger ihre Wege zurück

Anteile an der Personenbeförderung in %

Zur Arbeit
- Eisenbahn 4
- Fahrrad 8
- Bus, U-Bahn, Straßenbahn 12
- Zu Fuß 14
- Auto 62%

Zum Einkaufen
- Eisenbahn 1
- Bus, U-Bahn, Straßenbahn 10
- Fahrrad 11
- Zu Fuß 44%
- Auto 34

In der Freizeit
- Eisenbahn 1
- Bus, U-Bahn, Straßenbahn 7
- Fahrrad 11
- Zu Fuß 34
- Auto 47%

In den Urlaub
- Bus u.a. 8
- Eisenbahn 13
- Flugzeug 16
- Auto 63%

Zum Ausbildungsplatz
- Eisenbahn 4
- Fahrrad 15
- Auto 18
- Zu Fuß 27
- Bus, U-Bahn, Straßenbahn 36%

Quelle: DIW
DIE ZEIT/GLOBUS

B3

1. **Zielgruppe:** Urlaubsreisende

A	C	F	I	K	L

Zielgruppe: Geschäftsreisende

Textteile:

B	D	E	G	H	J

B4

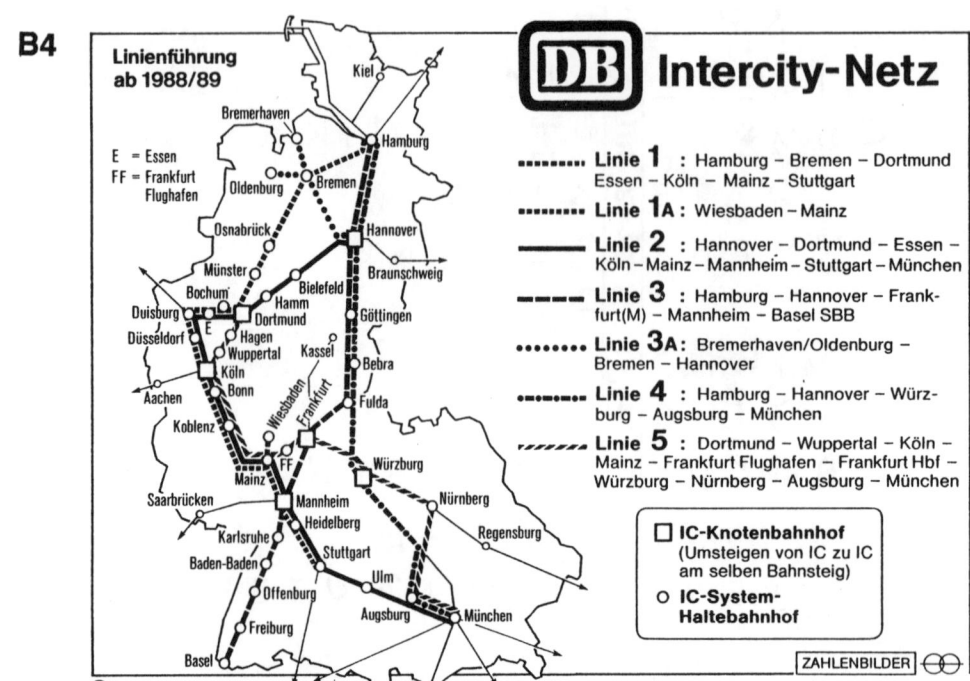

Linienführung ab 1988/89

E = Essen
FF = Frankfurt Flughafen

DB Intercity-Netz

- **Linie 1** : Hamburg – Bremen – Dortmund – Essen – Köln – Mainz – Stuttgart
- **Linie 1A** : Wiesbaden – Mainz
- **Linie 2** : Hannover – Dortmund – Essen – Köln – Mainz – Mannheim – Stuttgart – München
- **Linie 3** : Hamburg – Hannover – Frankfurt(M) – Mannheim – Basel SBB
- **Linie 3A** : Bremerhaven/Oldenburg – Bremen – Hannover
- **Linie 4** : Hamburg – Hannover – Würzburg – Augsburg – München
- **Linie 5** : Dortmund – Wuppertal – Köln – Mainz – Frankfurt Flughafen – Frankfurt Hbf – Würzburg – Nürnberg – Augsburg – München

☐ **IC-Knotenbahnhof**
(Umsteigen von IC zu IC am selben Bahnsteig)

○ **IC-System-Haltebahnhof**

ZAHLENBILDER

© Erich Schmidt Verlag

411 140

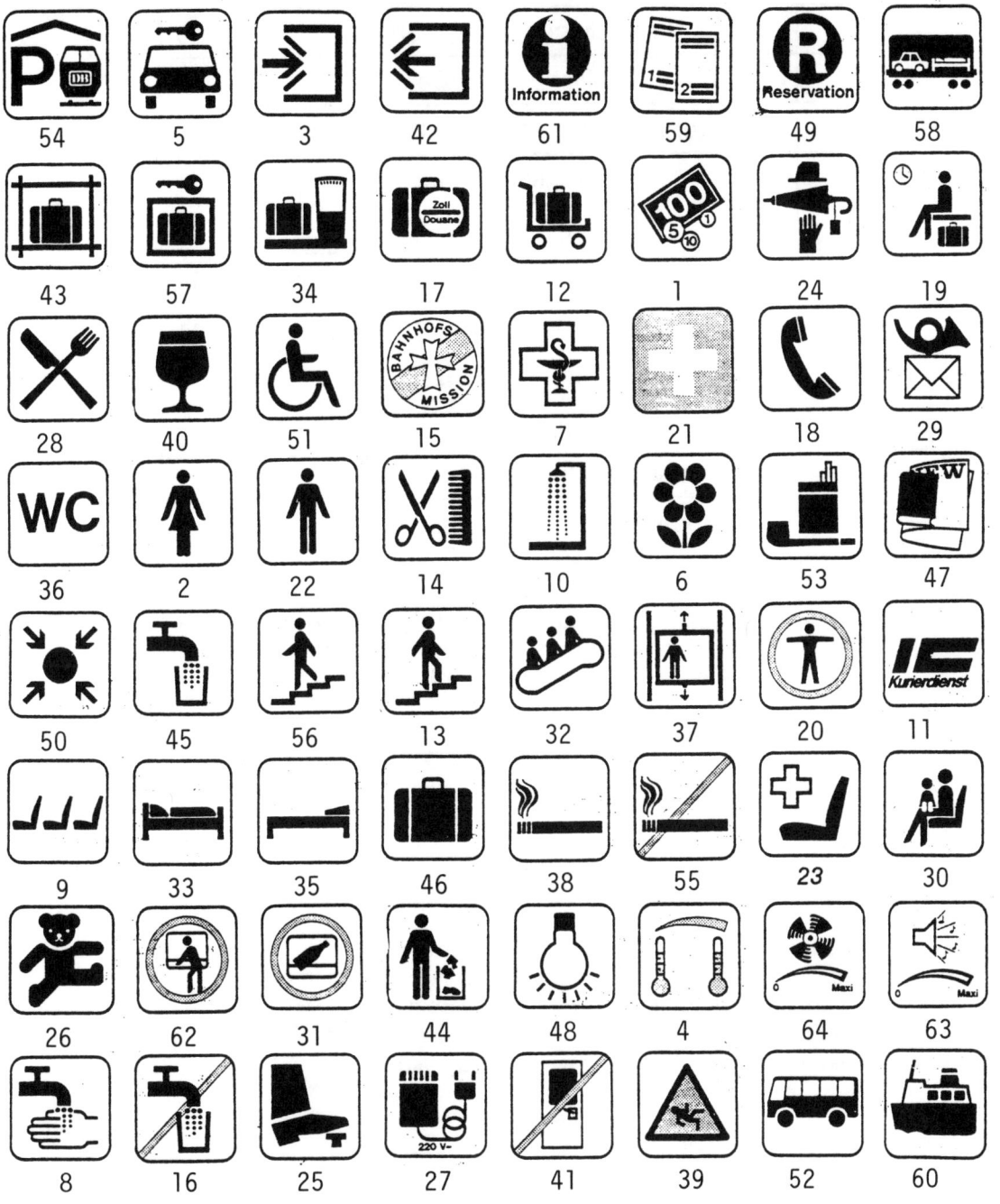

freundliches Bodenpersonal	7
freundliches Bordpersonal	3
getrennte Kabine für Geschäftsreisende	12
getrennte Warteräume	13
getrennte Abfertigung	10
Zeitungs- und Zeitschriftensortiment	14
moderner Flugzeugpark	11
günstige Abflugzeiten	2
komfortable Sitze	5
genug Platz zwischen den Sitzen	6
Möglichkeit, den Sitzplatz zu wählen	8
Pünktlichkeit	1
gutes Essen und gute Getränke an Bord	9
sauberes Image der Fluggesellschaft	4

D6

Abflugzeit
Anschlußflug
Fluggastabfertigung
Fluggesellschaft
Flugpreis

Flugschein
Flugverkehr
Flugverbindung
Großraumflugzeug
Zielflughafen

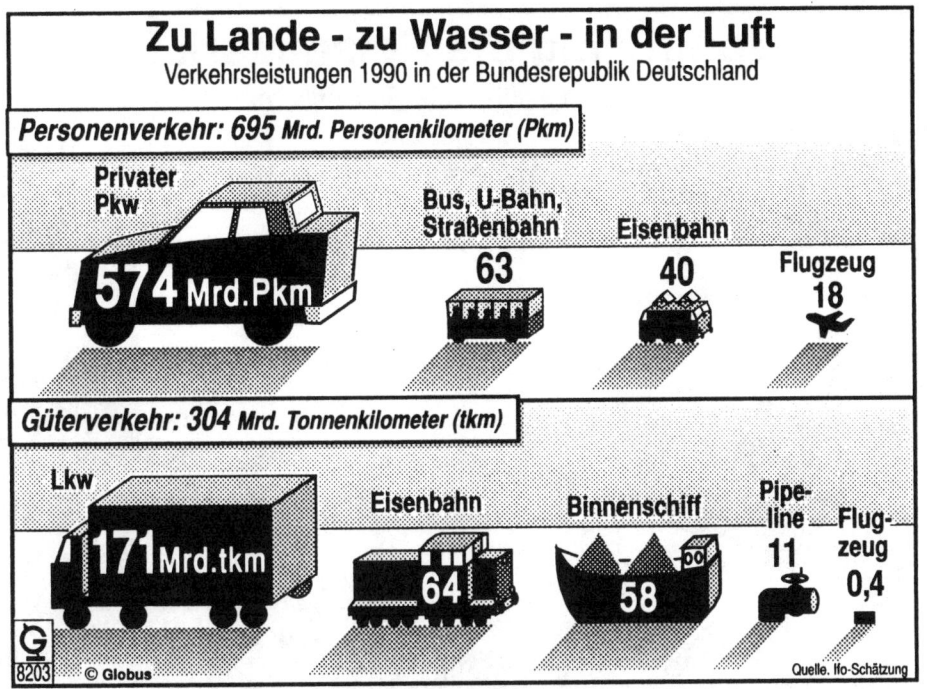

Zu Lande - zu Wasser - in der Luft
Verkehrsleistungen 1990 in der Bundesrepublik Deutschland

Personenverkehr: 695 Mrd. Personenkilometer (Pkm)

Privater Pkw — 574 Mrd.Pkm
Bus, U-Bahn, Straßenbahn — 63
Eisenbahn — 40
Flugzeug — 18

Güterverkehr: 304 Mrd. Tonnenkilometer (tkm)

Lkw — 171 Mrd.tkm
Eisenbahn — 64
Binnenschiff — 58
Pipeline — 11
Flugzeug — 0,4

8203 © Globus   Quelle. Ifo-Schätzung

```
      S I T Z P L A T Z
      L I E G E W A G E N
        F A H R A U S W E I S
          E I S E N B A H N
    B A H N H O F S H A L L E
  K O N F E R E N Z A B T E I L
  P L A T Z R E S E R V I E R U N G
    G R U P P E N R E I S E
      F E R N V E R K E H R
      Z U G R E S T A U R A N T
  N A C H T V E R B I N D U N G
      P L A T Z K A R T E
        Z U G T E L E F O N
          F A H R P L A N
      V E R K E H R S M I T T E L
```

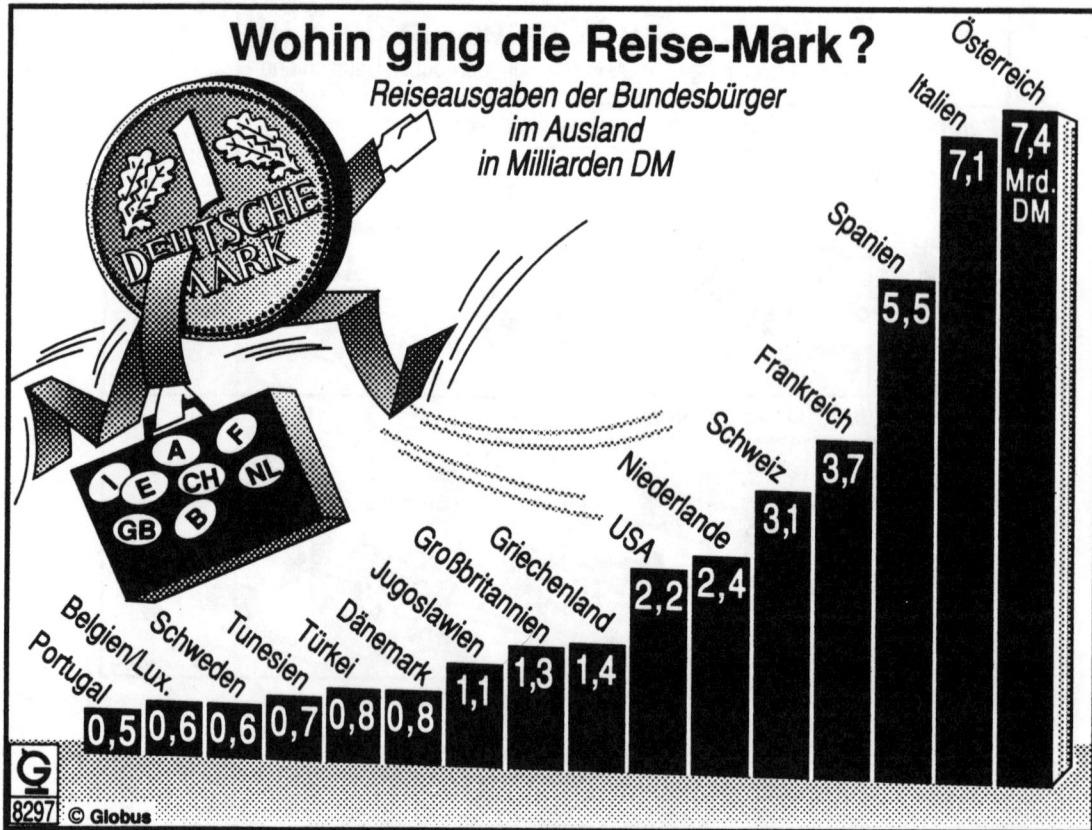

Wohin ging die Reise-Mark?

Reiseausgaben der Bundesbürger im Ausland in Milliarden DM

Österreich	7,4 Mrd. DM
Italien	7,1
Spanien	5,5
Frankreich	3,7
Schweiz	3,1
Niederlande	2,4
USA	2,2
Griechenland	1,4
Großbritannien	1,3
Jugoslawien	1,1
Dänemark	0,8
Türkei	0,8
Tunesien	0,7
Schweden	0,6
Belgien/Lux.	0,6
Portugal	0,5

8297 © Globus

C3

1. a) Kreuzfahrt
    b) Freitag
    c) Buchung
    d) Gastfreundschaft
    e) Leihschein
    f) Emden
    g) Genf
    h) Bodensee

2. FLUGANGEBOT
    MEERBLICK

Trinkgelder
— international —
üblich und erwartet

	Taxi	Hotel	Restaurant
Spanien	10%	bis 500 Ptas pro Tag	10%
Italien	unüblich	5.000 bis 10.000 Lire pro Woche	mind. 5%
Österreich	10%	5%	10%
Frankreich	15%	ca. 3 FF pro Tag	10%
Niederlande	Aufrunden	2 hfl pro Tag	10%
Schweiz	5%	1 sfr pro Tag	Aufrunden
Skandinavien	unüblich	unüblich	5-10%
Großbrit.	10%	unüblich	10-15%
USA	mind. 15%	mind. 1 $ pro Tag	20%

90 03 52　©imu

Quelle: manager unterwegs

1	2	3	4	5	6	7	8	9	10	11	12	13	14
C	m	g	e	h	a	i	l	b	k	f	d	n	j

Nahrungsmittelverbrauch
in der Bundesrepublik Deutschland

Jährlicher Pro-Kopf-Verbrauch in kg

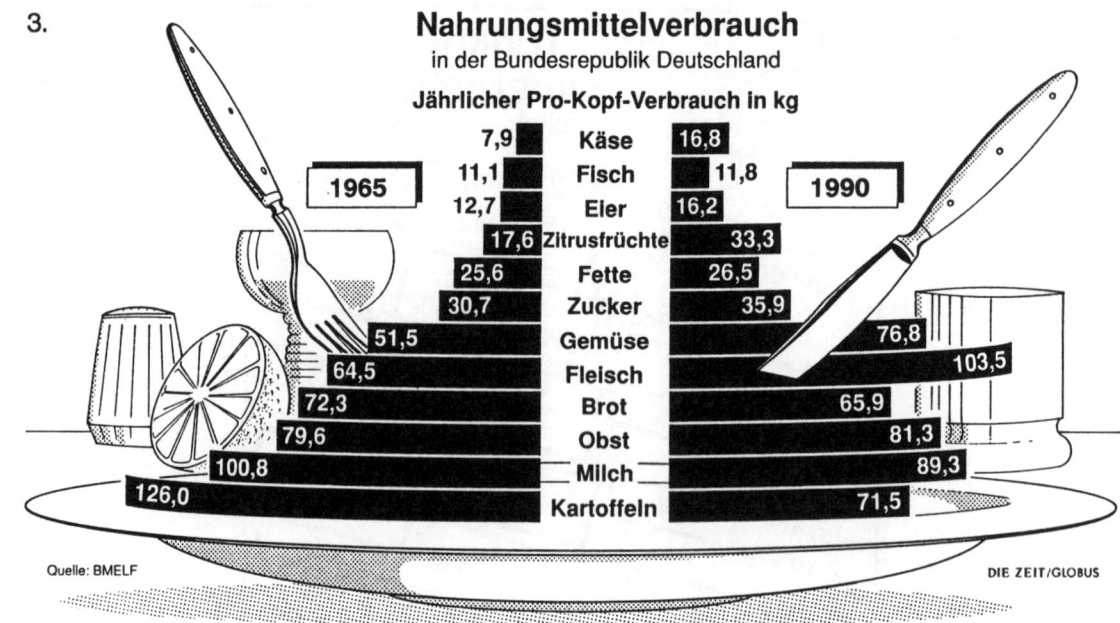

1965		1990
7,9	Käse	16,8
11,1	Fisch	11,8
12,7	Eier	16,2
17,6	Zitrusfrüchte	33,3
25,6	Fette	26,5
30,7	Zucker	35,9
51,5	Gemüse	76,8
64,5	Fleisch	103,5
72,3	Brot	65,9
79,6	Obst	81,3
100,8	Milch	89,3
126,0	Kartoffeln	71,5

Quelle: BMELF

DIE ZEIT/GLOBUS

4. HEUTE WIRD MEHR FLEISCH GEGESSEN ALS VOR FÜNFUNDZWANZIG JAHREN.

B2

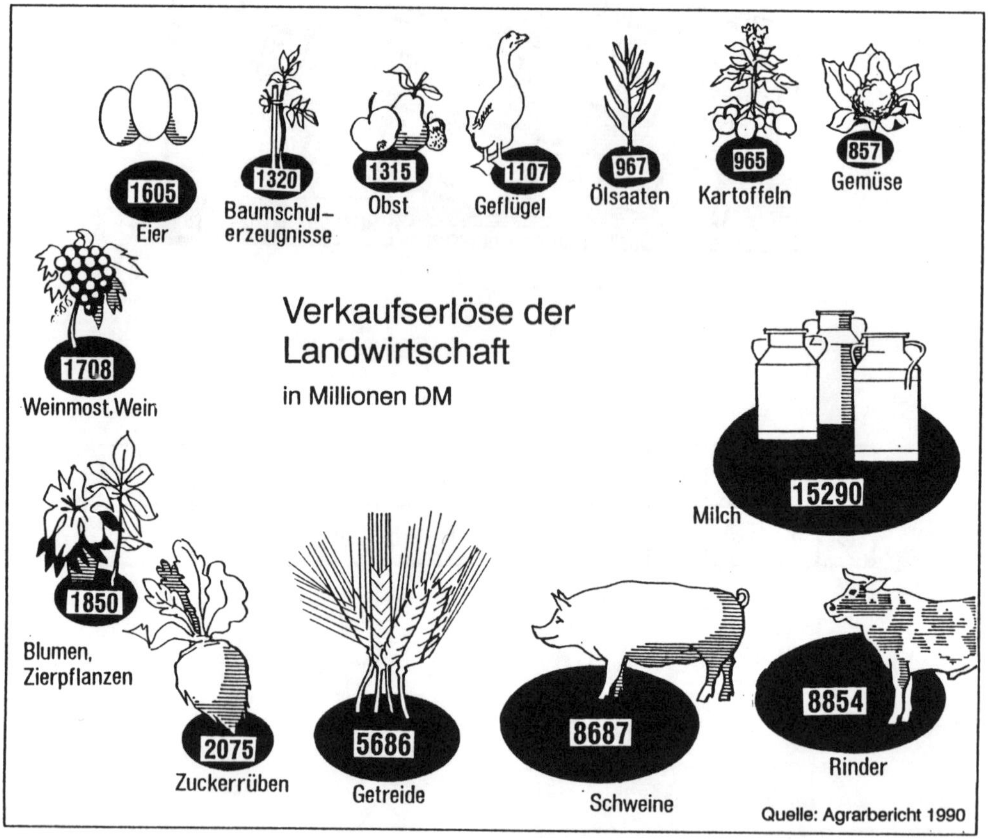

1605 Eier

1320 Baumschulerzeugnisse

1315 Obst

1107 Geflügel

967 Ölsaaten

965 Kartoffeln

857 Gemüse

1708 Weinmost, Wein

Verkaufserlöse der Landwirtschaft
in Millionen DM

15290 Milch

1850 Blumen, Zierpflanzen

2075 Zuckerrüben

5686 Getreide

8687 Schweine

8854 Rinder

Quelle: Agrarbericht 1990

1	2	3	4	5	6	7	8	9	10	11	12
W		M		Z							D
E	B	I	H	W	B	G			E		U
I	A	L	E	I	I	E	K	W	R	R	E
Z	U	C	K	E	R	R	U	E	B	E	N
E	E	H	T	B	N	S	E	I	S	I	G
N	R		A	E	E	T	H	N	E	S	E R
			R	L		E	E		N		R

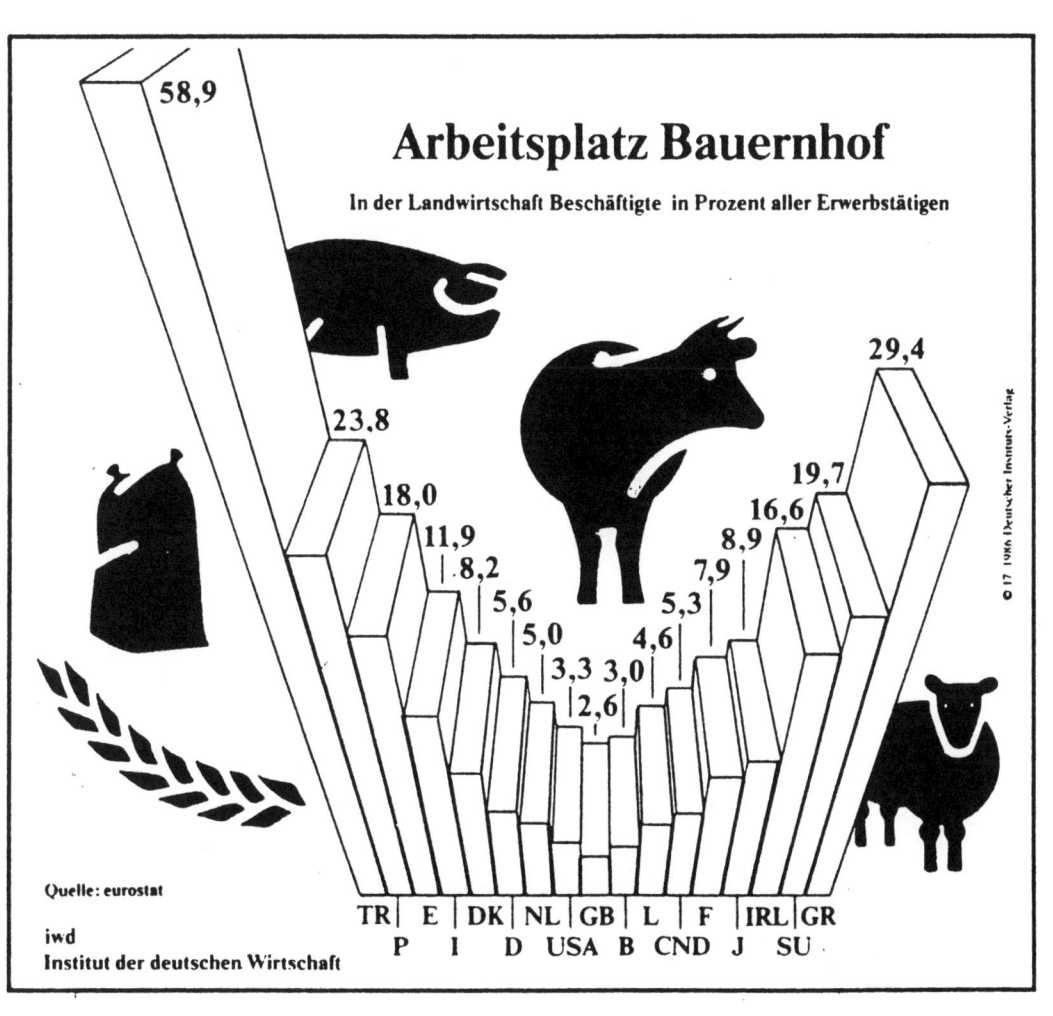

D1

Arbeitsplatz Bauernhof

In der Landwirtschaft Beschäftigte in Prozent aller Erwerbstätigen

58,9 23,8 18,0 11,9 8,2 5,6 5,0 3,3 3,0 2,6 4,6 5,3 7,9 8,9 16,6 19,7 29,4

TR | E | DK | NL | GB | L | F | IRL | GR
P | I | D | USA | B | CND | J | SU

Quelle: eurostat

iwd
Institut der deutschen Wirtschaft

© 17 1986 Deutscher Instituts-Verlag

Teufelskreis der Agrarpolitik

Kernstück des EG-Agrarmarktes:

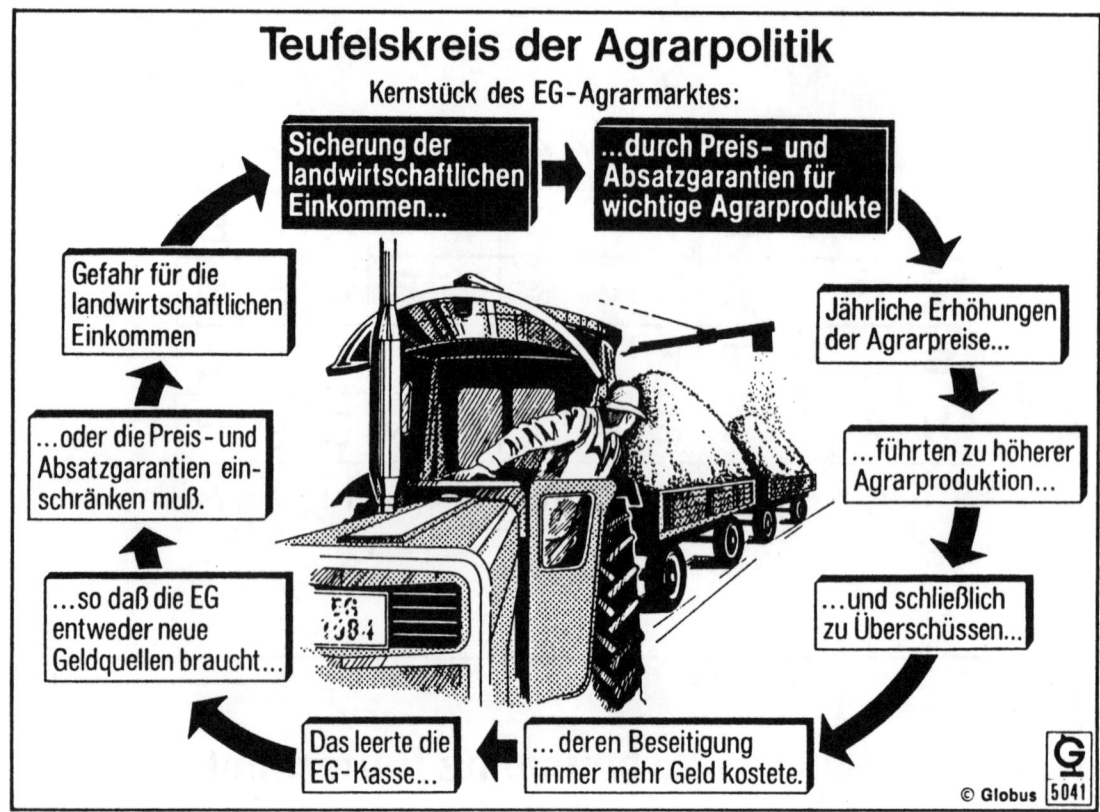

Sicherung der landwirtschaftlichen Einkommen...

...durch Preis- und Absatzgarantien für wichtige Agrarprodukte

Gefahr für die landwirtschaftlichen Einkommen

...oder die Preis- und Absatzgarantien einschränken muß.

...so daß die EG entweder neue Geldquellen braucht...

Jährliche Erhöhungen der Agrarpreise...

...führten zu höherer Agrarproduktion...

...und schließlich zu Überschüssen...

...deren Beseitigung immer mehr Geld kostete.

Das leerte die EG-Kasse...

© Globus 5041

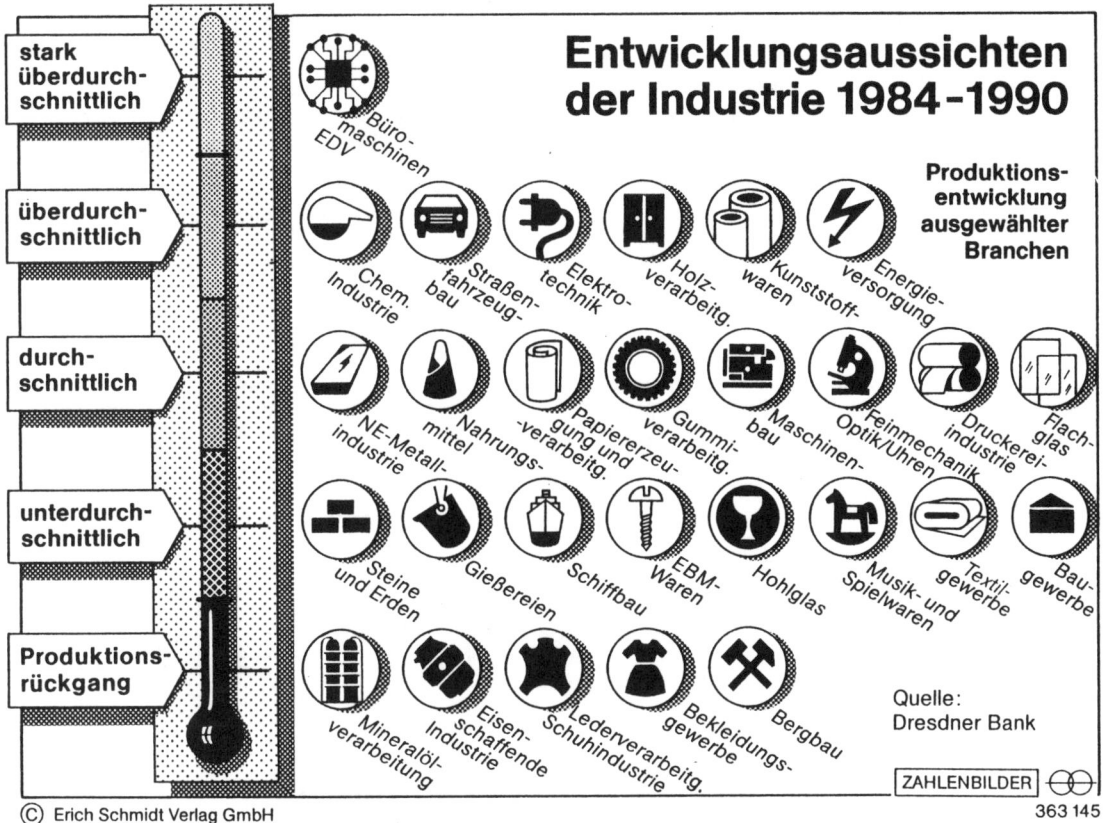

Entwicklungsaussichten der Industrie 1984–1990

Produktions-entwicklung ausgewählter Branchen

stark überdurch-schnittlich

überdurch-schnittlich

durch-schnittlich

unterdurch-schnittlich

Produktions-rückgang

Büro-maschinen EDV

Chem. Industrie

Straßen-fahrzeug-bau

Elektro-technik

Holz-verarbeitg.

Kunststoff-waren

Energie-versorgung

NE-Metall-industrie

Nahrungs-mittel

Papiererzeu-gung und -verarbeitg.

Gummi-verarbeitg.

Maschinen-bau

Feinmechanik Optik/Uhren

Druckerei-industrie

Flach-glas

Steine und Erden

Gießereien

Schiffbau

EBM-Waren

Hohlglas

Musik- und Spielwaren

Textil-gewerbe

Bau-gewerbe

Mineralöl-verarbeitung

Eisen-schaffende Industrie

Lederverarbeitg. Schuhindustrie

Bekleidungs-gewerbe

Bergbau

Quelle:
Dresdner Bank

ZAHLENBILDER

© Erich Schmidt Verlag GmbH

363 145

B1

1.

Die größten Energie-Besitzer

Wirtschaftlich gewinnbare
Vorräte an Kohle, Erdgas
und Erdöl
–umgerechnet in Mrd t SKE–*

*Steinkohleinheiten

	Mrd t SKE
UdSSR	204
USA	173
VR China	105
Südafrika	53
England	49
Australien	39
Saudi-Arabien	37
Bundesrepublik Deutschland	35
Polen	31
Iran	25
Indien	23
Kuwait	14

übrige Welt 124

© Globus 5349

9

E2

ⓘ Das vergangene Jahr war rundherum ein voller Erfolg.

Ⓗ Die Pkw-Produktion nahm um 3 % zu. Die Motorrad-Produktion ist um 9 % gestiegen.
Das Umsatzplus beträgt rund 10 %.

Ⓔ Diese Jahresbilanz dokumentiert erneut eindrucksvoll die Leistungsfähigkeit von BMW.

Ⓓ Und dieser Erfolg basiert auf weitsichtiger Unternehmenspolitik.

Ⓑ Damit das in Zukunft so bleibt und BMW noch erfolgreicher wird, bedarf es schneller und zukunftsorientierter Investitionen. Denn nur so kann man den immer kürzer werdenden Technologie-Zyklen gerecht werden.

Ⓚ Deshalb haben wir unsere Investitionen in Sachanlagen im vergangenen Jahr um 60 % gesteigert.

Ⓕ Aber mit Investitionen in Sachanlagen allein ist es nicht getan.

Ⓐ Können und Wissen sind mindestens ebenso wichtige Voraussetzungen, um den technologischen Vorsprung beizubehalten.

Ⓖ Wir haben deshalb fast 4 % mehr Mitarbeiter eingestellt und neue Ausbildungsplätze geschaffen.

Ⓒ Mit diesen Maßnahmen und einer kontinuierlichen Unternehmenspolitik sind wir für die Zukunft bestens gerüstet.

Ⓙ BMW ist damit in der Lage, jedes Jahr die Neuerungen und Entwicklungen zu bringen, die notwendig sind, um dem Automobilmarkt die nötigen innovativen Impulse zu geben und somit unseren Erfolg weltweit zu sichern und weiter auszubauen.

F1

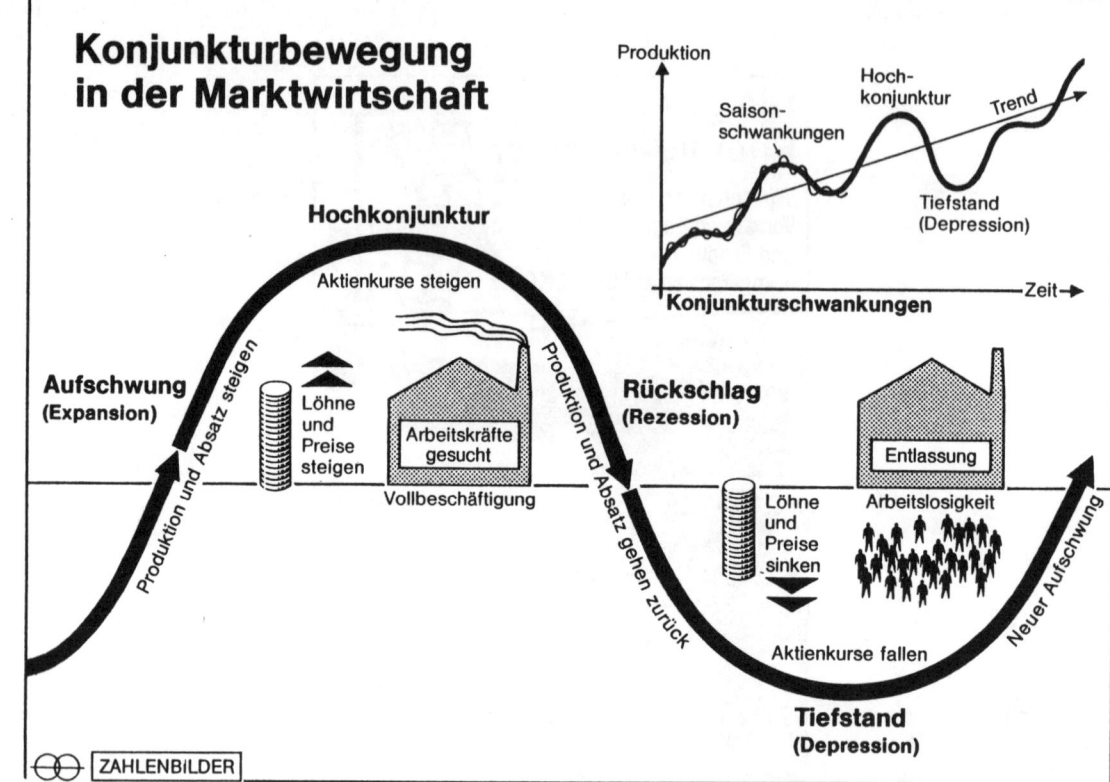

Konjunkturbewegung in der Marktwirtschaft

ZAHLENBILDER

200 350

© Erich Schmidt Verlag GmbH

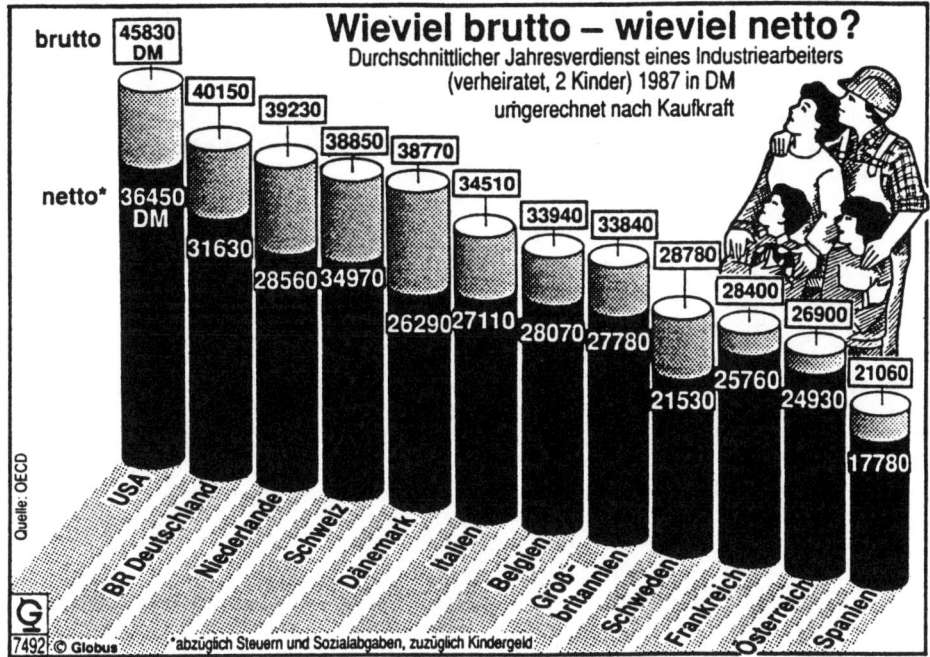

Wieviel brutto – wieviel netto?
Durchschnittlicher Jahresverdienst eines Industriearbeiters
(verheiratet, 2 Kinder) 1987 in DM
umgerechnet nach Kaufkraft

brutto

Land	brutto	netto
USA	45830 DM	36450 DM
BR Deutschland	40150	31630
Niederlande	39230	28560
Schweiz	38850	34970
Dänemark	38770	26290
Italien	34510	27110
Belgien	33940	28070
Großbritannien	33840	27780
Schweden	28780	21530
Frankreich	28400	25760
Österreich	26900	24930
Spanien	21060	17780

Quelle: OECD

7492 © Globus *abzüglich Steuern und Sozialabgaben, zuzüglich Kindergeld

---

1. **H1**

Die Gesellschafter (Aktionäre) sind durch Anteile (Aktien) am Kapital beteiligt und haften nur mit ihrer Kapitaleinlage. Die Geschäfte werden von einem „Vorstand" geführt, d. h. von Managern, die nicht unbedingt finanziell am Unternehmen beteiligt sein müssen.	*die Aktiengesellschaft (AG)* *joint stock company*
Die Gesellschafter erwerben Geschäftsanteile und haften nur mit ihrer Kapitaleinlage. Die „Geschäftsführer" sind im allgemeinen selbst Gesellschafter.	Gesellsch. mit beschr. Haftung *private limited company*
Es gibt einen alleinigen Eigentümer, der das Unternehmen selbst führt und unbeschränkt mit seinem Geschäfts- und Privatvermögen haftet.	Einzelunternehmen *one-man business*
Es handelt sich um einen Zusammenschluß von Personen mit gemeinsamen wirtschaftlichen Zielen, die sich auf diese Weise gewisse Vorteile eines Großbetriebs verschaffen (z. B. beim Einkauf oder beim Absatz).	Genossenschaft *co-operative*
Alle Gesellschafter haben die gleichen Rechte und Pflichten und haften für die Schulden unbeschränkt mit ihrem Geschäfts- und Privatvermögen.	offene Handelsgesellschaft *general partnership*
Es gibt zwei Arten von Gesellschaftern: die Komplementäre, die voll haften, und die Kommanditisten, die nur mit ihrer Kapitaleinlage haften und nicht an der Geschäftsführung beteiligt sind.	Kommanditgesellschaft *limited partnership*
Es handelt sich um eine Kommanditgesellschaft, bei der die Kommanditisten Aktionäre sind.	Kommanditges. auf Aktien *partnership ltd. by shares*

9

2.

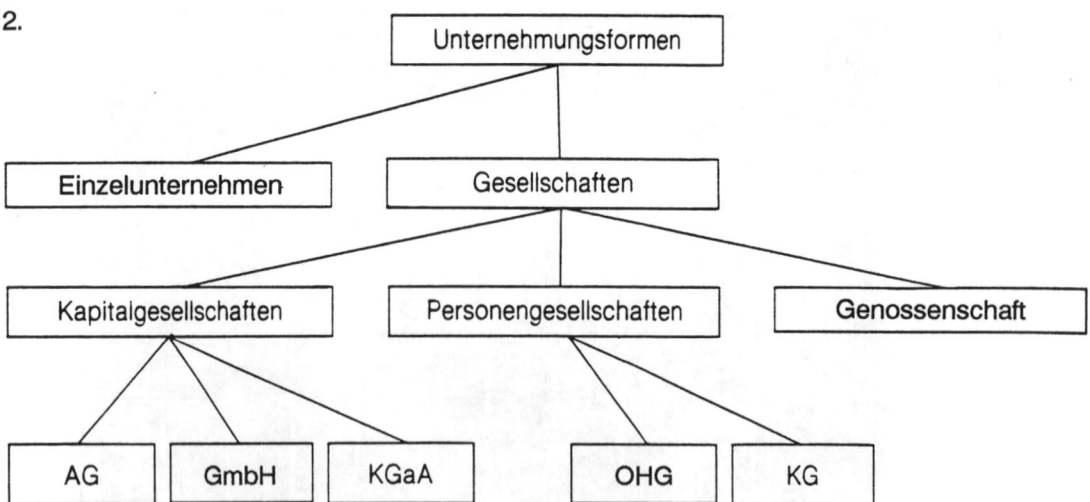

```
                        ┌─────────────────────────┐
                        │  Unternehmungsformen    │
                        └─────────────────────────┘
                ┌────────────────────┴─────────────────────┐
   ┌─────────────────────┐                    ┌─────────────────────┐
   │  Einzelunternehmen   │                    │   Gesellschaften     │
   └─────────────────────┘                    └─────────────────────┘
                    ┌──────────────────────────┼──────────────────────────┐
        ┌─────────────────────┐    ┌─────────────────────┐    ┌─────────────────────┐
        │ Kapitalgesellschaften│    │Personengesellschaften│    │   Genossenschaft    │
        └─────────────────────┘    └─────────────────────┘    └─────────────────────┘
         ┌──────┬──────┬──────┐        ┌──────┬──────┐
      ┌──────┐┌──────┐┌──────┐    ┌──────┐┌──────┐
      │  AG  ││ GmbH ││ KGaA │    │ OHG  ││  KG  │
      └──────┘└──────┘└──────┘    └──────┘└──────┘
```

I 1

1.

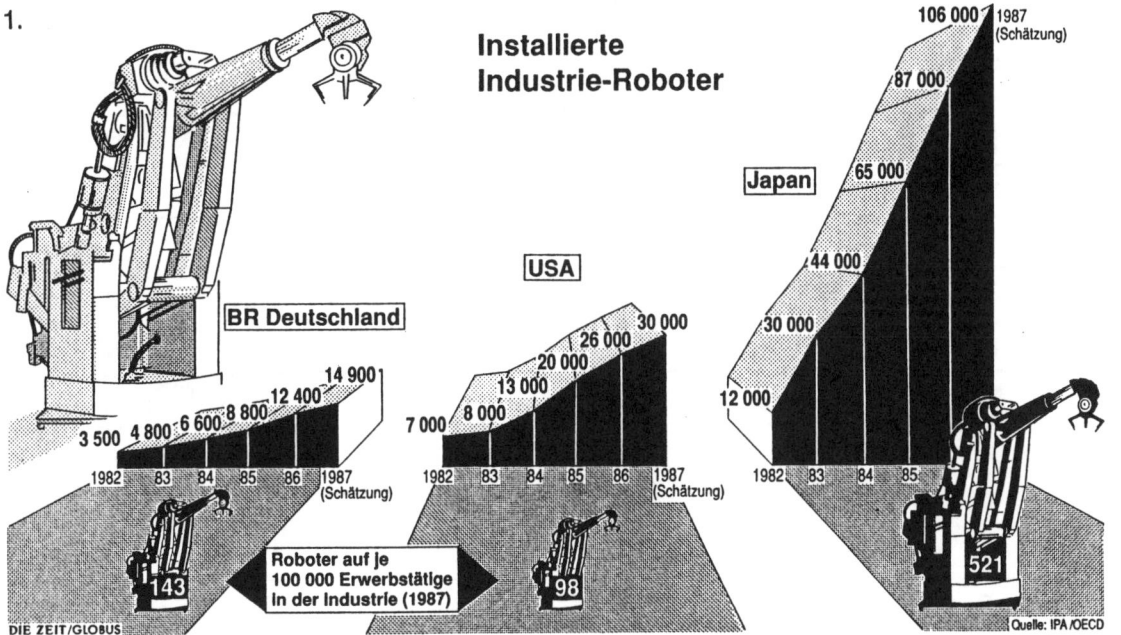

**Installierte
Industrie-Roboter**

BR Deutschland

3 500   4 800   6 600   8 800   12 400   14 900

1982   83   84   85   86   1987 (Schätzung)

USA

7 000   8 000   13 000   20 000   26 000   30 000

1982   83   84   85   86   1987 (Schätzung)

Japan

12 000   30 000   44 000   65 000   87 000   106 000   1987 (Schätzung)

1982   83   84   85

Roboter auf je 100 000 Erwerbstätige in der Industrie (1987)

143   98   521

DIE ZEIT/GLOBUS   Quelle: IPA/OECD

2.

Roboter im Einsatz
Installierte Industrie-Roboter Anfang 1990

Japan **180 000**

USA **42 000**

BR Deutschland **22 400**

Italien **9 800**

Frankreich **9 500**

Groß-britannien **6 000**

Schweden **3 800**

Spanien **2000**

DDR **2000**

Belgien **1800**

Australien **1500**

Niederlande **1200**

Österreich **600**

Finnland **700**

Taiwan **800**

Schweiz **1100**

Quelle: IPA

© Globus   8426

9 J2

	1	2	3	4	5	6	7	8	9	10	11	12	13	14	15
		W		I								A	I	K	
		E	S	N		E		W		K	I	R	N	O	
		R	C	D	E	R	B	A	A	O	N	B	N	N	P
	K	K	H	U	N	D	E	C	U	H	V	E	J	U	R
	R	S	I	S	E	G	R	H	S	L	E	I	V	U	O
	A	U	F	T	R	A	G	S	B	E	S	T	A	N	D
	F	R	F	R	G	S	W	T	I	N	T	S	T	K	U
	T	L	B	I	I		E	U	L	H	I	P	I	T	K
	W	A	A	E	E		R	M	D	A	T	L	O	U	T
	E	U	U				K		U	L	I	A	N	R	I
	R	B							N	D	O	T			O
	K								G	E	N	Z			N